QINGSHAONIAN JIAZHIGUAN DUBEN

青少年价值观读本

刘泽刚 ◎ 编著

高中版

当代世界出版社
THE CONTEMPORARY WORLD PRESS

图书在版编目（CIP）数据

青少年价值观读本：高中版 / 刘泽刚编著. -- 北京：当代世界出版社，2017.10

ISBN 978-7-5090-1258-1

Ⅰ.①青… Ⅱ.①刘… Ⅲ.①社会主义建设—价值论—中国—青少年读物 Ⅳ.①D616-49

中国版本图书馆CIP数据核字(2017)第243222号

青少年价值观读本：高中版

作　　者：	刘泽刚
出版发行：	当代世界出版社
地　　址：	北京市复兴路4号（100860）
网　　址：	http://www.worldpress.org.cn
编务电话：	（010）83908456
发行电话：	（010）83908409
	（010）83908377
	（010）83908423（邮购）
	（010）83908410（传真）
经　　销：	新华书店
印　　刷：	三河市腾飞印务有限公司
开　　本：	880×1230毫米 1/32
印　　张：	5.75
字　　数：	145千字
版　　次：	2017年10月第1版
印　　次：	2017年10月第1版
书　　号：	ISBN 978-7-5090-1258-1
定　　价：	18.00元

如发现印装质量问题，请与承印厂联系调换。
版权所有，翻印必究；未经许可，不得转载！

目录

第一章　百善孝为先　社交礼在前　　1

　　第一节　与父母和谐相处 / 2
　　第二节　心怀感恩仁义重 / 12
　　第三节　有礼有节擅交际 / 17

第二章　立人生大志　兴家国天下　　21

　　第一节　人生价值最大化 / 22
　　第二节　现实版理想蓝图 / 29
　　第三节　修身齐家平天下 / 37

第三章　惜时如惜金　学习有窍门　　43

　　第一节　学问无止境　学法有捷径 / 44
　　第二节　聚焦学习生产力 / 51
　　第三节　会学乐学我做主 / 58

第四章　求真以自立　谦虚以自警　　65

　　第一节　实在人做实在事 / 66
　　第二节　预防骗术保安全 / 77
　　第三节　谦虚谨慎天地宽 / 84

第五章　勤劳创财富　勤俭利家国　　91

第一节　业精于勤荒于嬉 / 92
第二节　勤俭节约是美德 / 98
第三节　新时代的财富观 / 104

第六章　天天心态好　自信莫烦恼　　113

第一节　笑对生活乐无限 / 114
第二节　自信人生显力量 / 122
第三节　就让他人说去吧 / 129

第七章　形象惹人爱　说话艺更高　　135

第一节　形象好前程更好 / 136
第二节　一道爱的选择题 / 144
第三节　语言艺术塑自我 / 150

第八章　重社会实践　强综合素养　　159

第一节　综合素养综合养 / 160
第二节　学理论更学实践 / 165
第三节　适我之价值取向 / 171

第一章　百善孝为先　社交礼在前

　　我国现存最早的汉字文献资料——殷商甲骨卜辞中已有"𦘒"（孝）字。《说文解字》解释篆体"孝"字云："善事父母者。从老省，从子，子承老也。"孝字写的就是老人与子女的关系。《诗经》中有这么一段话："父兮生我，母兮鞠我，拊我蓄我，长我育我，顾我复我，出入腹我。欲报之德，昊天罔极。"反映了父母与子女关系须和谐的人生理念。

　　同时，在家孝父母，出门礼在前。我们在进行社会交往的时候，虽然不必使用孝敬父母那样的思维和行为模式，但是作为礼仪之邦的中国人，礼貌意识乃是非常必要的，比如礼让三先、请求帮助时要客客气气、接受别人的恩惠后要表示感谢甚至感恩，对于那些大众化的礼节，我们还需要掌握好"度"，等等。这些都是我们为人处世的必修课。

第一节 与父母和谐相处

【价值观指引】

　　和谐是指事物对立面之间在一定的条件下，具体、动态、相对、辩证的统一，是不同事物之间相同相成、相辅相成、相反相成、互助合作、互利互惠、互促互补、共同发展的关系。这是辩证唯物主义和谐观的基本观点。

　　一位读博的弟子发现自己的导师和师母十分和睦，就笑着问其要领。导师笑着说："也没什么，只是我吃惯了你师母做的饭菜，非她亲手所做就吃不饱。"弟子回头笑问师母："是这样吗？"师母回答说："我倒没觉得自己做饭如何，只是我神经衰弱，晚上听惯了他打鼾声，如果听不见反倒睡不香呢！"

　　隔了几天，弟子陪导师出差。发现导师比在自己家里吃得还多还香，就又问导师。导师笑着说："为了和谐嘛！"弟子随即拿起电话拨通了导师家里的电话，嘱咐导师家里的保姆："导师不在，没有他的打鼾声，你一定要关照好师母的休息！"保姆笑着说："放心吧！师母这才真正睡得香啦！"

　　弟子悟出其道——和谐是什么？是宽容、是包含、是谅解！

第一章　百善孝为先　社交礼在前

所以,和谐中的统一是相互激励、相互促进、生机勃勃、充满活力的统一,而不是相安无事、互不影响、死气沉沉、无所作为的统一。和谐中包含的相同是相同相成、共同发展的相同,而不是相同相毁、同归于尽的相同。和谐中包含的不同是相辅相成、互助合作的不同,而不是相异相毁、相互损害的不同。和谐中包含的对立是相反相成、互促互补的对立,而不是相反相毁、相互倾轧的对立。和谐不是要取消对立,而是要求放弃破坏和谐的对立。

现在,我们就把这种和谐效应用到父子、母子情感关系上,看看能产生什么样的效果呢。

司马光在《瞽叟杀人》中说:"所贵於舜者,为其能以孝和谐其亲。"足见与父母亲人和谐相处的崇高价值。今天,作为高中学生,我们要弄清如何与父母和谐相处,以达致孝敬父母的目的,不妨先考察一个辩题:

正方:对父母言听计从、百依百顺,方能达成默契,和谐父母与子女的关系。

反方:我是社会新生代,父母应与我同步前进,主动与我消弭代沟,方能和谐。

结论:既不能百依百顺、逆来顺受,又不能纯粹以自我为中心、苛求父母。我们要吸取我国孝道文化的精华,别除其糟粕,与时俱进,为我所用,与父母达成和谐的家庭关系,实现共赢,这才是孝道文化的魅力所在。

以上辩题反映了不少高中生在孝道文化认识方面存在的误区,以及在如何扮演孝子角色问题上存在的烦恼。这是青年学生成长中的一件大事。鉴于其重要性,下面,我们就带领大家辩证地认识和利用我国的孝道文化，学会解除成长中的烦恼，和谐处理父子关系、母子关系，以与父母达成默契。

孝道是中国传统社会十分重要的道德规范，也是中华民族尊奉的传统美德。在中国传统道德规范中，孝道具有特殊的地位和作用，成为中国文化的优良传统。

孝，善事父母者。（《说文》）

父母之所爱亦爱之，父母之所敬亦敬之。（孔子）

孝，礼之始也。（《左传·文公二年》）

勿以不孝身，枉着人子皮。（《劝孝歌》）

不孝的人是世界最可恶的人。（鲁迅）

失去了慈母便像花插在瓶子里，虽然还有色有香，却失去了根。（老舍）

一个天生自然的人爱他的孩子，一个有教养的人定爱他的父母。（林语堂）

"夫孝，德之本也"。孔子在《孝经》中说："夫孝，天之经也，地之义也，民之行也"；"人之行，莫大于孝"；"教民亲爱，莫善于孝"……孔子认为，为人子女孝顺父母，是天经地义的法则，是人们应该身体力行的。可见孔子对孝道的看重与推崇。仅有数千言的《孝经》，以孝为纲，历陈"五等之孝"，提出了天子、诸侯、卿大夫、士、庶人各个等级所应遵守的基本规范，成为两千多年来的文化经典之一。

中国传统孝道文化是一个复合概念，内容丰富，涉及面广。既有文化理念，又有制度礼仪。从敬养上分析，主要包含以下几个方面的内容，我们可以用十二个字来概括，即：敬亲、奉养、侍疾、

第一章 百善孝为先 社交礼在前

立身、谏诤、善终。

（1）敬亲。中国传统孝道的精髓就在于：对父母的"敬"和"爱"。没有敬和爱，就谈不上孝。孔子曰："今之孝者，是谓能养。至于犬马，皆能有养，不敬，何以别乎？"也就是说，对待父母不仅仅需要物质供养，而关键在于要有对父母的爱，而且这种爱是发自内心的真挚的爱。没有这种爱，不仅谈不上对父母的孝敬，而且和饲养犬马没有什么两样。同时，孔子认为，子女履行孝道最困难的就是时刻保持这种"爱"，即心情愉悦地对待父母。

（2）奉养。中国传统孝道的基础就是要从物质上供养父母，即赡养父母，"生则养"，这是孝敬父母的最低纲领。儒家提倡在物质生活上要首先保障父母，如果有肉，要首先让父母吃。这一点非常重要，孝道强调老年父母在物质生活上的优先性，也是和谐孝道的基础。

周剡子，品性至孝。剡子父母年老，且双目都患有眼疾。父母亲想吃鹿乳，于是剡子就身披鹿皮，想混入鹿群取鹿乳。一次取乳时，看见猎人正要射杀一只麋鹿，剡子急忙掀起鹿皮现身走出，将挤取鹿乳为双亲医病的实情告知猎人，猎人敬他孝顺，遂以鹿乳相赠，护送他出山。

（3）侍疾。老年人年老体弱，容易得病，因此，中国传统孝道把"侍疾"作为重要内容。侍疾就是：如果父母生病，要及时诊治，精心照料，多给父母生活和精神上的关怀。

公元前202年，刘邦建立了西汉政权。刘邦的四儿子刘恒，即后来的汉文帝，是一个有名的大孝子。刘恒对他的母亲皇太后很孝顺，从来都不怠慢。

有一次,他的母亲患了重病,这可急坏了刘恒。母亲一病就是三年,卧床不起。刘恒亲自为母亲煎药汤,并且日夜守护在母亲的床前。每次看到母亲睡了,才趴在母亲床边睡一会儿。刘恒天天为母亲煎药,每次煎完,自己总先尝一尝,看看汤药苦不苦、烫不烫,自己觉得差不多了,才给母亲喝。

刘恒孝顺母亲的事,在朝野广为流传。人们都称赞他是一个仁孝之子。

(4)立身。《孝经》云:"安身行道,扬名于世,孝之终也"。这就是说,做子女的要"立身"并成就一番事业。儿女在事业上有了成就,父母就会感到高兴,感到光荣,感到自豪。反之,若终日无所事事,一生庸庸碌碌,就是对父母的不孝。

第一章　百善孝为先　社交礼在前

明朝湖南道川守将沈至绪，有一个独生女儿，名叫沈云英。自小聪明好学，跟父亲学得一身好武艺。其父率兵迎异军死在战场上，当时沈云英才十七岁，她登上高处大声呼曰："我虽然是一个小女子，但为完成父亲守城的遗志，我要决一死战。希望全体军民保卫家乡。"大家深受感动，发誓要夺回失地。大军很快解除了包围，取得了胜利。沈云英找到父亲的尸体，大声痛哭，全体军民都穿上孝服，参加了葬礼。朝廷下令追封沈至绪为副总兵，并任命沈云英为游击将军，继续守卫道州府。后来人们为她建了一座忠孝双全的纪念祠。有诗颂曰：异军攻城围义兵，娥眉汗马解围城；父仇国难两湔雪，千古流芳忠孝名。

（5）谏诤。《孝经·谏诤》章指出："父有争子，则身不陷于不义。故当不义，则子不可以不争于父"。也就是说，在父母有不义的时候，不仅不能顺从，而应谏诤父母，使其改正不义，这样才可以防止父母陷于不义。

（6）善终。《孝经》指出："孝子之事亲也，居则致其敬，养则致其乐，病则致其忧，丧则致其哀，祭则致其严，五者备矣，然后能事亲"。儒家的孝道把送葬看得很重，在举行丧礼时要尽各种礼仪。

包拯的父亲包仪，曾任朝散大夫，死后被追赠为刑部侍郎。包公少年时便以孝而闻名，性直敦厚。在宋仁宗天圣五年，即公元1027年中了进士，当时28岁。先任大理寺评事，后来出任建昌（今江西永修）知县，因为父母年老了，不愿随包拯到他乡去，包公便马上辞去了官职，回家照顾父母。他的孝心受到了官吏们的交口称颂。几年后，父母相继辞世，包公这才重新踏入仕途。这也是在乡亲们的苦苦劝说下才去的……

综上所述可以看出，我国传统的儒家孝道文化并不是有些人偏颇地界定的"过时了"，也不是今天的现代人简单地"拿来"就可以作为万能钥匙的。其实，儒家孝道文化里对父母的孝敬，强调物质和精神上的统一，父母从生到死都需要孝子做出合乎人性的孝道行为，以让父母获得一定满足感。要孝敬好父母，没有物质上的保障是肯定无法实现的，这相当于今天我们所讲的"养老保险""医疗保险""衣食无忧"等方面，但是若仅有物质的满足也是大大不够的，因为父母把"子女的事业能否成功"，看作是自己生命的能量延续。若子女成功了，父母自然就有成就感。所以，传统文化里的"忠孝"（忠于职守与孝敬父母）二字，往往存在很大的交集（当然也有对立的一面）。

而传统孝道里让我们更为惊叹的是：子女不但对父母的意见不能苟同，而且还要据理力争；既不能只信父母的意见，也不能自以为是，而要相信真理——义。从这个层面来看，子女有时与父母发生争议甚至争吵都是正常的，父母规劝子女回归"义"，以及子女奉劝父母摒弃"不义"，其实都是相互关爱、彼此负责的表现。这从形式上看起来好像不够亲热，但实际上是父母在表达爱心，也是子女在行孝道的和谐之举。

【价值观实践】

明白了我国孝道文化的内涵之后，当代高中学生又应该怎样做出正确的心理定位，与父母和谐相处呢？

一是我们内心里要时刻装着父母，正确处理自己与父母的

第一章　百善孝为先　社交礼在前

"异"与"同"。时代发展到今天，高中学生多是独生子女，有的在家是"小皇帝""娇公主"，父母捧着、恭着、顺着、护着，唯恐伤着、碰着，凡事一路绿灯，有求必应，出手慷慨大方，甚至不惜血本，真可谓用心良苦。只有父母心里装着子女，子女哪里知道父母还需要理解与关爱啊。如果任由其发展，孝道何从谈起？

事实上，有些学生在和父母相处时之所以不和谐，原因就在于他们只能接受"同"的成分，而较为强烈地排斥"异"的元素；只求父母对其百依百顺，而容纳不了父母的"服务不到位"。他们心理上以自我为中心，很少去想想父母为自己付出的一切。更把父母的辛勤付出，认为是天经地义、理所应当的事情。感情上缺乏友善，学习上缺乏动力。父母的嘱咐、说教轻了不理，重了烦怪，说父母不懂时尚、不懂自己的心。这样的学生，别说对父母尽孝，倒是想让长辈对其尽"孝"呢。建议这样的学生去读一读《弟子规》里的古训——行孝要从内心感悟：父母呼，应勿缓；父母命，行勿懒。亲所好，力为具；亲所恶，谨为去。亲爱我，孝何难；亲憎我，孝方贤。亲有过，谏使更；怡吾色，柔吾声。

二是三省吾身，点滴行孝，聚沙成塔，把"孝"植入自己的血液之中。老子曰："天下难事，必做于易；天下大事，必做于细"。其精辟地指出了：想成就一番大事业，必须从简单的事情做起，从细微之处入手。其实，在日常生活中，我们时时处处都与孝道结下了不解之缘。

有个外表非常大款的儿子，他高龄的母亲大部分牙齿都坏掉了，于是他开车带着母亲去镶牙，一进牙科诊所，医生就开始推销他们的假牙，可母亲却要了最便宜的那种。医生不甘就此罢休，他

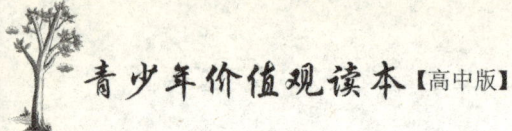

一边看着大款儿子,一边耐心地给他们比较好牙与差牙的本质不同。可是令医生非常失望的是,这个看似大款的儿子却无动于衷,只顾着自己打电话、抽雪茄,根本就不理会他。医生拗不过母亲,同意了她的要求。这时,母亲颤颤悠悠地从口袋里掏出一个布包,一层一层打开,拿出钱交了押金,一周后再准备来镶牙。

两人走后,诊所里的人就开始大骂这个大款儿子,说他衣冠楚楚,吸的是上等雪茄,却不舍得花钱给母亲镶一副好牙。正当他们义愤填膺时,不想大款儿子又回来了,他说:"医生,麻烦您给我母亲镶最好的烤瓷牙,费用我来出,多少钱都无所谓。不过您千万不要告诉她实情,我母亲是个非常抠门的人,我不想(因为"破费")让她不高兴。

故事中儿子"不想让母亲不高兴"的这些"小节",实际上就是晚辈送给父母最丰厚、最地道的礼物,属于孝文化中不可小看的和谐因子。

如果同学们都从小事入手,孝敬父母,长此以往,聚沙成塔,就形成良好的习惯了。孝敬父母的理念和行为就自然融入自己的血液之中了。有一位高中学生在自己的亲情作文中流露出这样的真情:

"海可枯、石可烂,对父母的敬爱不可变,女儿的心愿不可动摇,女儿坚信:女儿无法改变你们辛劳酸楚的过去,但女儿一定可以改变你们的今后和将来。女儿今天只能为你们做一些细枝末节的小事,帮不了你们的大忙,但请爸爸妈妈相信我,别人能给父母的,我都要给你们;别人不能给父母的,我也一定要给你们!"

如此肺腑之言,如此切切之心,"孝敬"之情跃然纸上。我们休论女儿以后到底能不能真正给父母那么多东西,试问,哪个父母

第一章　百善孝为先　社交礼在前

听了儿女这番话不为之感动呢？哪个父母不为有这样的女儿而感到骄傲和自豪呢？就算物质上的反馈全然是个未知数，父母也已经获得了女儿的精神馈赠——这就是"孝"的礼物啊。

三是躬行孝道，一生都是进行时，而且我们要从今天做起。古语说得好：百善孝为先，行孝当及时，养育之恩涌泉报，行孝及时莫要等。同时，我们今天还可加上一句：一生都是行孝进行时。关于行孝的时间把握，《三字经》是这样说的：香九龄，能温席；孝于亲，所当执。融四岁，能让梨；弟于长，宜先知。我们再看《弟子规》里说的：丧三年，常悲咽；居处变，酒肉绝。丧尽礼，祭尽诚；事死者，如事生。

前者说的是子女小时候该如何尽孝，后者说的是虽然父母死了，但还要尽孝。可见，人的一生都可尽孝，子女要从小孝至老，这就伴随父母从生到死的全过程。可是，也有些人说，等我挣到足够多的钱了再孝敬父母。事实上，其孝敬只是一句空谈而已，因为这种人的"足够"二字永远都没有天花板，"孝敬"二字也只是猴年马月的故事。在这里，我们还是奉劝大家，孝敬父母，从现在开始，因为今天是最现实的。

在这里，我们也希望那些在孝道面前还显得茫然的朋友，摒弃孝敬父母的一般将来时，抓好孝敬父母的现在进行时，抹掉孝敬父母的现在完成时，感受父子、母子和谐正当时。

第二节 心怀感恩仁义重

【价值观指引】

感恩是一种处世哲学,也是生活中的大智慧。一个智慧的人,不应该为自己不该拥有的东西而斤斤计较,也不应该一味索取和使自己的私欲膨胀。学会感恩,要为自己已有的一切而感恩。这样你才会有一个积极的人生观,才会有一种健康的心态。

感恩是一种亏欠的心理,感恩更是一种回馈的心理,感恩就是用一颗心去真诚地报答别人。它是一个人所需的起码的人生品质。

羊有跪乳之恩,鸦有反哺之义。(《增广贤文》)

不当家不知柴米贵,不养儿不知报母恩。(中国谚语)

感谢命运,感谢人民,感谢思想,感谢一切我要感谢的人。(鲁迅)

做人就像蜡烛一样,有一分热,发一分光,给人以光明,给人以温暖。(萧楚女)

人家帮我,永志不忘;我帮人家,莫记心上。(华罗庚)

忘恩的人落在困难之中,是不能得救的。(希腊谚语)

家庭之所以重要,主要是因为它能使父母获得情感。(罗素)

第一章　百善孝为先 社交礼在前

人的一生中，从小时候起，我们就领受了父母的养育之恩；等到上学，我们领会了老师的教育之恩；工作以后，又有领导、同事的关怀、帮助之恩；年纪大了之后，又要接受晚辈的赡养、照顾之恩。就整个社会系统而言，作为社会成员，我们都生活在一个多层次的社会大环境之中，首先从大环境里获得了一定的生存条件和发展机会，也就是说，社会这个大环境是有恩于我们每个人的。因此，感恩，说明一个人对自己与他人、社会的关系有着正确的认识；报恩，则是在这种正确认识之下产生的一种责任感。

【价值观实践】

曾经有两个人在沙漠中行走，他们是很要好的朋友。在途中不知道什么原因，他们吵了一架，其中一个人打了另一个人一巴掌。

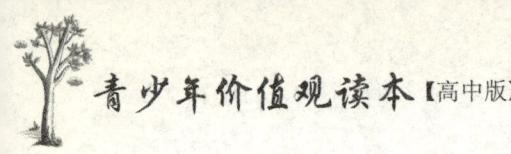

那个人很伤心很伤心,于是他就在沙里写道:"今天我朋友打了我一巴掌"。写完后,他们继续行走。他们来到一块沼泽地里,那个人不小心踩到沼泽里面,另一个人不惜一切,拼命地去救他。最后那个人得救了,他很高兴很高兴。于是拿了一块石头,在上面写道:"今天我朋友救了我一命"。朋友一头雾水,奇怪地问:"为什么我打了你一巴掌,你把它写在沙里,而我救了你一命你却把它刻在石头上呢?"那个人笑了笑回答道:"当别人对我有误会,或者有什么对我不好的事,就应该把它记在最容易遗忘、最容易消失不见的地方,由风负责把它抹掉。而当朋友有恩于我,或者对我很好的话,就应该把它记在最不容易消失的地方,尽管风吹雨打也忘不了。"

感恩是一种积极向上的思维和谦卑的态度,它是自发性的行为。当一个人懂得感恩时,便会将感恩化作一种充满爱意的行动。

从成长的角度来看,心理学家们普遍认同这样一个规律:心一改变,态度就跟着改变;态度一改变,习惯就跟着改变;习惯一改变,性格就跟着改变;性格一改变,人生就跟着改变。愿感恩的心改变我们的态度,愿诚恳的态度带动我们的习惯,愿良好的习惯升华我们的性格,愿健康的性格使我们收获美丽的人生!

在一个闹饥荒的城市,一个家庭殷实而且心地善良的面包师把城里最穷的几十个孩子聚集到一块,然后拿出一个盛有面包的篮子,对他们说:"这个篮子里的面包你们一人一个。在上帝带来好光景以前,你们每天都可以来拿一个面包。"

瞬间,这些饥饿的孩子仿佛一窝蜂一样拥了上来,他们围着篮子推来挤去大声叫嚷着,谁都想拿到最大的面包。当他们每人都拿

第一章 百善孝为先 社交礼在前

到了面包后，几乎没有一个人向这位好心的面包师说声谢谢，就走了。

但是有一个叫依娃的小女孩却例外，她既没有同大家一起吵闹，也没有与其他人争抢。她只是谦让地站在一步以外，等别的孩子都拿到以后，才把剩在篮子里最小的一个面包拿起来。她并没有急于离去，而是向面包师表示了感谢，并亲吻了面包师的手之后才向家走去。

第二天，面包师又把盛面包的篮子放到了孩子们的面前，其他孩子依旧如昨日一样疯抢着，羞怯、可怜的依娃只得到一个比头一天还小一半的面包。当她回家以后，妈妈切开面包，许多崭新、发亮的银币掉了出来。

妈妈惊奇地叫道："立即把钱送回去，一定是揉面的时候不小心揉进去的。赶快去，依娃，赶快去！"当依娃把妈妈的话告诉面包师的时候，面包师面露慈爱地说："不，我的孩子，这没有错。是我把银币放进小面包里的，我要奖励你。愿你永远保持现在这样一颗平安、感恩的心。回家去吧，告诉你妈妈这些钱是你的了。"她激动地跑回了家，告诉了妈妈这个令人兴奋的消息，这是她的感恩之心得到的回报。

所以，我们要常怀一颗感恩的心，去面对生活，面对我们一路上的酸甜苦辣。这种感恩之心，实际上就是一颗仁义之心。

对仁义的解释与定位，最早应属老子。《道德经》曰：上德无为，而无以为也；下德为之，而有以为也。上仁为之，而无以为也；上义为之，而又以为也。

《礼记·曲礼上》有载："道德仁义，非礼不成。"而战国时的孟子更是推崇此概念；此后汉儒董仲舒继承其说，将"仁义"

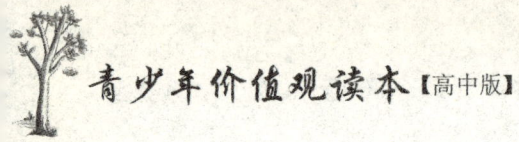

作为传统道德的最高准则。宋代以后,由于理学家的阐发、推崇,"仁义"成为传统道德的别名,而且常与"道德"并称为"仁义道德",与"礼、智、信"合称为"五常"。

作为一个流淌着儒家血液的高中学生,我们更应该在讲仁义、重感恩的文化园地里,种下我们人生的常青树。

朋友相聚,酒甜歌美,情浓意深,我们感恩上苍,给了我这么多的好朋友,我们享受着朋友的温暖,生活的香醇,如歌的友情。走出家门,我们走向自然。放眼花红草绿,莺飞燕舞,我们感恩大自然的无尽美好,感恩上天的无私给予,感恩大地的宽容浩博。因为,学会了感恩,我们才会在生活中发现美好,进而用微笑去对待每一天,用微笑去对待世界,对待人生,对待朋友,对待困难。

只要生活的每一天,我们都充满感恩的情怀,我们就会逐渐学会宽容,学会理解,学会付出,懂得回报,自己的心胸也会逐渐变得豁达大度。事实上,宽容和感恩可以化腐朽为神奇,化冰峰为春暖,化干戈为玉帛。这样,每天我们都会有一个好心情,幸福地享受上天对人类的恩赐。

第一章 百善孝为先 社交礼在前

第三节 有礼有节擅交际

【价值观指引】

《论语》曰:"不学礼,无以立"。《礼记》曰:"君子之行礼也,不可不慎也,众之纪也,纪散而众乱"。

儒家宣传的理想封建社会秩序是贵贱、尊卑、长幼、亲疏有别,要求人们的生活方式和行为,要符合他们在家族内的身份和社会、政治地位,不同的身份有不同的行为规范,这就是礼。

"曾子避席"的故事出自《孝经》。曾子是孔子的弟子,有一次他在孔子身边侍坐,孔子就问他:"以前的圣贤之王有至高无上的德行,精要奥妙的理论,用来教导天下之人,人们就能和睦相处,君王和臣下之间也没有不满,你知道它们是什么吗?"曾子听了,明白老师孔子是要指点他最深刻的道理,于是立刻从坐着的席子上站起来,走到席子外面,恭恭敬敬地回答道:"我不够聪明,哪里能知道,还请老师把这些道理教给我。"在这里,"避席"是一种非常礼貌的行为,当曾子听到老师要向他传授学问时,他站起身来,走到席子外向老师请教,是为了表示他对老师的尊重。曾子懂礼貌的故事被后人传诵,很多人都向他学习。

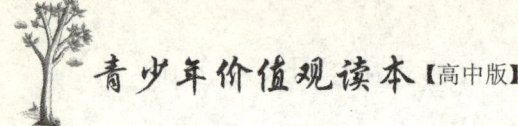

对于古代这些礼文化,同学们要批判地加以吸收,比如其中对人恭敬、主动维护社会秩序、凡事谦逊在前等思想和行为,我们要在现代社会的交际活动中将它发扬光大。同时,结合当今社会发展的潮流,我们又要学习更多的现代礼仪知识。

【价值观实践】

社交礼仪是指在人际交往、社会交往和国际交往活动中,用于表示尊重、亲善和友好的首选行为规范和惯用形式。通过社交,人们可以沟通心灵,建立深厚友谊,取得支持与帮助;通过社交,人们可以互通信息,共享资源,这对我们的事业成功大有裨益。

比如,我们常行的握手礼,就是在一切交际场合最常使用、适应范围最广泛的见面致意礼节。它表示致意、亲近、友好、寒暄、道别、祝贺、感谢、慰问等多种含意,从握手中,往往可以了解一

第一章　百善孝为先　社交礼在前

个人的情绪和意向，还可以推断一个人的性格和感情。有时握手比语言更充满情感。

行握手礼时有先后次序之分。握手的先后次序主要是为了尊重对方的需要。其次序主要根据握手人双方所处的社会地位、身份、性别和各种条件来确定。

两人之间握手的次序是：上级在先，长辈在先，女士在先，主人在先，而下级、晚辈、男士、客人应先问候对方，见对方伸出手后，再伸手与他相握，而在上级、长辈面前不可冒然先伸手。若两人之间身份、年龄、职务都相仿，则先伸手为礼貌。

如男女初次见面，女方可以不与男方握手，互致点头礼即可；若接待来宾，不论男女，女主人都要主动伸手表示欢迎，男主人也可对女宾先伸手表示欢迎。

……

大家对于这种常见的握手礼，平时使用时务必要慎重。因为有时握手可以增进一份友情，有时握手代表一种人格、国格，有时握手可以化解一场敌我战争。

1953年1月，杜勒斯出任美国国务卿，一直推行反共政策。作为美国出席日内瓦会议代表团团长，他在制定与会方针时，特别强调要孤立和打击中国代表团，不许跟中国代表团人员接触，包括不许跟中国代表团人员握手。

在会议期间，虽然难免有尖锐的交锋，但会里会外的礼节还是讲究的。杜勒斯在会议开始刚一个星期便打道回府，由副国务卿史密斯留下应付门面。

7月18日会议休息期间，大家来到休息厅闲谈。这时，史密斯主动来到担任周恩来翻译的浦寿昌跟前交谈。周恩来看到后，走过来

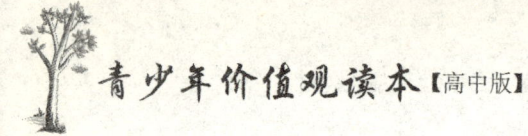

跟他打招呼,并向他伸过手去。史密斯大概是碍于杜勒斯不许跟中国代表团人员握手的规矩,没好作表示。这当然有失风度和外交礼仪。

对此,史密斯感到非常难堪。于是在周恩来过去跟法国外长交谈时,史密斯很不好意思地凑上来,插话道:"每次我走近周恩来先生,记者就会说我和周恩来先生握手了。"周恩来答道:"我已经伸出手来了。"史密斯赶紧辩解:"我刚才一手拿香烟,一手拿杯子,下回我会伸得比您快。"周恩来淡淡一笑,没予理会。第二天,日内瓦会议结束。各国代表团来到休息室相互道别。史密斯也来了。

当周恩来走进休息室的时候,史密斯赶紧上来搭话,并伸出右手握住周恩来的左臂。这样,既没有破了杜勒斯不准跟中国人握手的规矩,又弥补了昨天的失礼。

握手的风俗,据说起源于十字军东征时代。那时候,敌我的分别只有宗教信仰一项,所以敌我很难分辨。两人见面握手,就表示手中没有武器,不存敌意,那当然双方就是朋友了。这项风俗就这样一直流传下来,成了今天全世界通行的见面礼。

通过握手礼我们可以看出,掌握好必要的礼仪知识,对人的一生都很重要,把握好礼节的度,无论对于个人、组织来说,都是非同小可的一件"面"上的大事。所以,同学们在社会交际的过程中,一定要有意识地多学些礼仪知识,并逐渐积累社交的经验,为将来自己走上社会培养良好素质。

第二章　立人生大志　兴家国天下

不管你是谁，都免不了在探索人生的道路中，寻找自我的人生目标。这是对自己、对生命的负责！有些人的人生之所以迷茫，归根结蒂是没有远大的志向和为之奋斗的明确目标。没有人生的目标，就只会停留在原地。没有远大的志向，就只会变得慵懒，只能听天由命，叹息茫然。若想不让机会就这样溜走，不叫青春就这样逝去，就只有靠志向和理想来冲出迷茫的漩涡，崭新的人生之页才会为你开启。

第一节　人生价值最大化

【价值观指引】

人生价值是社会价值和自我价值的统一。一方面是个人对社会的责任和贡献；另一方面是社会对个人的尊重与满足。其中，个人对社会的责任和贡献是第一位的，即人的真正价值在于对社会发展和人类进步事业的贡献。在一定意义上，人生的价值就是人生的意义，评估人生"价值量"的大小，可以理解人生的意义如何，理解人生价值的大小。

人生价值量的大小，由人生价值目标的境界及实现程度来决定。是否与社会总理想目标相一致，为实现这一目标做出了多大贡献，决定了社会成员个体的人生价值。

天生我材必有用。（李白）

人固有一死，或重于泰山，或轻于鸿毛。（司马迁）

人生富贵驹过隙，唯有荣名寿金石。（顾炎武）

人是寻求意义的动物。（柏拉图）

你若要喜爱你自己的价值，你就得给世界创造价值。（歌德）

第二章 立人生大志 兴家国天下

工作就是人生的价值，人生的欢乐，也是幸福之所在。（罗丹）

人的一生可能燃烧也可能腐朽，我不能腐朽，我愿意燃烧起来！（奥斯特洛夫斯基）

真正的价值并不在人生的舞台上，而在我们扮演的角色中。（席勒）

人是社会的人，总是生存和活动于各种各样的社会关系当中，并受到一定社会关系的制约。在实际生活当中，人们会选择自己的人生道路，通过一定的方式来实现自己的人生目的，以独特的思想和行为赋予生活实践以个性特征。不过，任何个体的人生意义，都只能建立在一定的社会关系和社会条件基础之上，并在社会中得以实现。离开一定的社会基础，个人就不能作为人而存在，当然也就无法创造人生价值了。

要比较客观、公正、准确地评价社会成员人生价值的大小，除了要掌握科学的标准外，还需要掌握恰当的评价方法，做到以下四个坚持：一是坚持能力有大小与贡献须尽力相统一；二是坚持物质贡献与精神贡献相统一；三是坚持完善自身与贡献社会相统一；四是坚持动机和效果相统一。

【价值观实践】

有的同学会说，当今社会竞争如此激烈，我们作为高中生，最大的挑战就是高考，在这个被称为"千军万马过独木桥"的拼搏路上，最现实的价值最大化就是考上一所最理想的大学。对此，我们应该有什么样的心理准备呢？

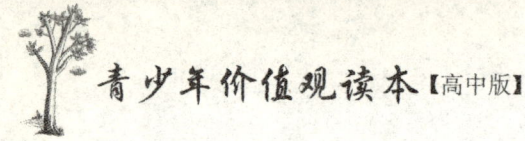

其一，我们必须有雄心壮志并具备优秀的潜能来面对高考。一个好的因，方能结出好的果，打铁还需自身硬，有本事走遍天下，无能耐寸步难行。我们只有加强综合素质锤炼和各方面的专业知识训练，努力掌握科学的方法和过硬的本领，确立正确的人生观和合理的发展方向，才能最终圆自己的大学梦，才能升入自己心目中最理想的大学。请看下面这位高考状元是怎么说的吧。

我的梦

从初中开始，我的梦，就是复旦大学。高三了，我似乎感觉伸出双手就可以碰触到我的梦想，每天无数次被灌输"高考"这个概念，除了背水一战，我别无选择。我在床头的小柜子上刻了几个大字：杀进复旦！到现在我还记得那时的我——"杀气腾腾，信誓旦旦"的样子。每天起床后我就默念一次。我老老实实，安安静静地过着同样的生活，心如止水。而旅游，网上购物，游戏，八卦，恋爱问题……都被我忍痛抛弃了。我真的不是一个能一边娱乐一边学习的人。厌倦总是有的，但偶尔也为自己的小成功沾沾自喜。我对梦想的疯狂在初入高三时达到了极限，所有的一切都在高考来临之际幻化成自己早已认定的那个大学之梦，梦想的动力强大得让我踌躇满志、跃跃欲试。

从老师公布高考复习进度表开始，我就拿出全新的本子开始记录我的高三历程。在第一页上，只有几个字：复旦，等着我！第二页，也只有一行字：我的高考目标——650分以上。第三页，是一段话："我知道，一切都会有的。我会拥有大考小考的失败，但永远不会放弃努力与梦想。环境只能影响我，不能决定我的未来。决定我的未来的只有我自己。踏踏实实做好手边的事，努力让梦想照进现实。"而这三页，一直默默地支撑我整个的高三生活。就如我高中老师说的：

第二章 立人生大志 兴家国天下

飞不飞得出这漫漫大山,就看这次高考了。

国庆放假的几天,我一天也不敢迈出家门,从祖国生日那天开始,一直到4天后放假结束,每天早上7点起床,我一直做作业到凌晨1点,其中的吃饭和午休都在书桌上完成。我闷在家里狠命学习,睁开眼睛想到的第一件事,就是怎么做好头天晚上没完成的数学题,累了就幻想着拿到复旦大学录取通知书的情景。我真的那样癫狂地甘愿做一个最老实的学生……后来我才知道,每个人都有歇斯底里的本源。我想,那年10月,我曾经歇斯底里过。

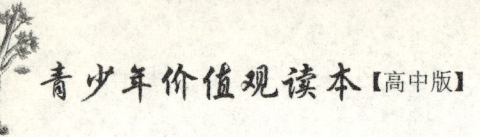

书呆子不呆

"为了高考,做个会思考的书呆子又何妨呢?"我想着。每天的日子在不停地重复,简单充实,略显乏味。但是没有关系,我愿意,一切都值得!

中午吃饭时嘴里塞着饭,同时又翻看着下一步的学习任务,把自己想得比国家总理还忙;放学后在操场上慢跑,还逼自己边跑边背古文;晚上做一大堆数学题,像许多文章里面描述的一样,旁边放着一杯咖啡,其实有没有咖啡无所谓,我也没喝过几次,或许仅仅是一个象征性的东西罢了……这是我的一天,我不知道这样的一天会不会让别人很"鄙视"和觉得太夸张了。但我真的是这么过来的,我是一个寻常的高三生,深陷在高三里,只知道机械般地吃着饭,上着课,做着题,平静得如同家乡的小城,永远都不会有什么大事发生。

苦,是值得的

临近高考那段时间,各种各样品种繁多的试卷如约而至,轮番轰炸,躲都躲不了。月考已经不算什么了,每周一大考,三天一小考,这还只是学校的硬性规定,各科老师还商量着什么时候时机对头了,再和同学们用试卷"交流交流以保持战斗力"。虽然我早已"身经百战软磨硬泡"地成为了考试老手,可遇到考试我还是担心考不到好成绩,"百炼没有成钢"的郁闷笼罩着每一次测试:感觉自己为数学付出了许多个白天和黑夜,却没得到期望中的红苹果。可即使这样,我依旧每天嚷嚷着要考复旦,依旧每天拿着繁多的试卷仔细地做做,因为我的选择就是没得选择,所以我一直学啊学……

我喜欢有周期地学习,我的学习计划性非常强。一般月考前两个星期,我就会抽出一天时间把这两个星期的每天日程都填满,一步步

第二章 立人生大志 兴家国天下

循序渐进地复习,每科每天的任务都会很重。生活总得有点希望,比如你在狠命学习的时候,潜意识里要告诉自己,过了这个坎儿,就会有一件很美好的事情等着你,这时效率就会高很多,再难熬的分分秒秒也会觉得值得。

不是神的孩子,而是有梦的孩子

高考后我整理了一年来用过的各种复习资料。语文83套,英语52套,数学65套,文科综合95套,除了文科综合的简答题没有全部做完外,其他试卷和套题我都用红、蓝、黑三种颜色的笔,记录了很多的笔记及注意事项,4本数学资料书,我从头到尾看了5遍;英语的专项练习,阅读做了两大本,完型填空做了3本,语法及其他单项训练做了3本,历史做了5本,背了七八次……别人总觉得我一直都是那么优秀的和一帆风顺的,其实只有我自己知道我的生活是怎样的,虽然我一点都不觉得痛苦,但辛酸还是包裹住我的身体,包裹住那个阳光灿烂的日子里想哭的我。

"一颗心,是绝对不会因为追求梦想而受伤的。求学之路的失落与得意、清晰与迷茫,最简单的在于你拥有一个什么样的心境。努力中会有失败,会有失去勇气的时候,但我必须努力,我正在努力,我需要坚强,需要沉默,需要意志。一切都只是过程,成功与快乐才是终点。生活可以是无趣的,但自己一定要快乐。我们都不是神的孩子,我们只是有梦的孩子。"

在这里,我们看到了,要让人生的价值最大化,自己的梦的边缘就要最大化,自己的主观努力就得最大化,自己吃苦的极限就得最大化,自己的聪明才智也要发挥到最大化。因为人生的价值是靠自己的点点滴滴打造出来的。

其二，要正确认识自己，要有好的心态，准确定位自己的人生目标，并要有一定的自控能力，做自己力所能及的事，切忌自高自大，目空一切。

几个人在岸边垂钓，旁边几名游客在欣赏海景。只见一名垂钓者竿子一扬，钓上了一条大鱼，足有三尺长，落在岸上后，仍腾跳不止。可是钓者却解下鱼嘴内的钓钩，顺手将鱼丢进海里。

周围围观的人响起一阵惊呼，这么大的鱼还不能令他满意，可见垂钓者雄心之大。

就在众人屏息以待之际，钓者鱼竿又是一扬，这次钓上的是一条两尺长的鱼，钓者仍是不看一眼，顺手扔进海里。

第三次，钓者的钓竿再次扬起，只见钓线末端钩着一条不到一尺长的小鱼。围观众人以为这条鱼也肯定会被放回，不料钓者却将鱼解下，小心地放回自己的鱼篓中。

游客百思不得其解，就问钓者为何舍大而取小。

想不到钓者的回答是："喔，因为我家里最大的盘子只不过有一尺长，太大的鱼钓回去，盘子也装不下。"

这个故事让我们明白：人生的道路上，找到适合自己的目标非常重要。否则，将永远会挣扎于不满意的情绪之中。我们在设定自己的人生价值的时候，许多人都认为越大越好，但有的价值目标却是"大而无用"，问题出在哪里呢？没有准确定位好自己的能力和基础，而是盲目跟风后虚荣自大，这就是对价值最大化的错误理解了。反过来，我们要认真审视自己的能力大小（学校考试分数是较好的衡量标准之一），再结合自己的兴趣爱好和社会人才需求状况，来科学设定自己的奋斗目标。

第二章 立人生大志 兴家国天下

第二节 现实版理想蓝图

【价值观指引】

　　广大青年一定要坚定理想信念。"功崇惟志，业广惟勤。"理想指引人生方向，信念决定事业成败。没有理想信念，就会导致精神上"缺钙"。中国梦是全国各族人民的共同理想，也是青年一代应该牢固树立的远大理想。中国特色社会主义是我们党带领人民历经千辛万苦找到的实现中国梦的正确道路，也是广大青年应该牢固确立的人生信念。

　　（2013年5月4日，习近平总书记在同各界优秀青年代表座谈时的讲话）

　　可有人说，理想很丰满，现实很骨感。这反映出的问题是——倒不是现实对不起大家，而是自己的理想太不接地气了。事实上，人的欲望是无限的，而现实不可能是听任你随意打扮的婢女。所以，我们要把崇高的理想与客观现实紧密结合起来。

　　曾国藩28岁考中进士，是高级知识分子。但他以儒家文人之身，礼部侍郎之职，母丧丁忧之际回乡办团练，创立湘军。几经折磨，损兵折将，终成功业。试问曾国藩究竟为何而战？用曾国藩自

青少年价值观读本【高中版】

己的话来说就是"卫吾道",我们也可以理解为"为文化而战,为宗教而战"。这里的"文化"就是儒家文化,"宗教"就是孔孟之教。曾氏一生奉行着儒家思想的核心:仁、义、礼、智、信、恕、忠、孝、悌。所以在曾国藩眼里,不忠君而造反是不对的,是"逆行",必铲之而后快。

曾国藩一生的理想是高举孔孟之道的伟大旗帜,以儒家思想为指导,深入贯彻仁、义、礼、智、信,为振兴中华(清廷)而努力奋斗。所以他一辈子坚决做卫道士。为了这个"现实版"的理想,他苦读圣贤书,考取功名。在"三年知府十万银"的环境中,他能够坚守儒家良知。但是,李鸿章却背信弃义,在曾氏被围困的最艰苦岁月离他而去。曾没有计较,反而在李到北京没混明白而再回来时,依然不计前嫌,继续予以重用。因为曾国藩看李鸿章的确是个人才,是国之栋梁。

第二章　立人生大志　兴家国天下

曾国藩是有理想的，所以他不会趋炎附势，不会奉承拍马。在肃顺给予他大力提拔，终于实现他掌握地方实权的愿望时，他依然坚守着自己儒家文人的理想，没有和肃顺搞拉帮结派，因此在慈禧发动辛酉政变之后抄了肃顺的家时，在一大堆给肃顺拍马屁的"私人书信"中，没有找到曾国藩写的任何东西。凭此一点，就让人无限佩服。

曾国藩是有信念的，虽然他的军事生涯历经坎坷，甚至被逼得两度投水欲寻短见，但他投水要自尽不是"活不起"，而是因为他还坚守着自己的儒家理想：士可杀不可辱，他绝不能忍受自己成为敌人的俘虏，而辱没了自己的气节。

曾国藩把自己作为一介儒学人士的理想，牢牢地嫁接在晚清时期的艰难政治生涯中，嫁接在自己现实版的复杂人际关系之中，巧妙地加以变通和发展，终究练就了自己的辉煌人生。其实人生中，坎坎坷坷总是有的，道路也是曲折的。而一些意志不够坚定之人，当世事茫茫难自料，甚至落到自己无法承受的境地时，就开始悲悲啼啼，怨天尤人，实在是可悲可怜，由此我们也可以看出人生历练之重要性。

【价值观实践】

我们应该从理想与现实的落差中悟出一个道理——那就是，我们为什么不把理想建立在现实的基础上呢？我们在树立理想时最忌讳的就是闭门造车，所以，我们要非常注重理想的科学性、现实性和可操作性。

一是我们要根据社会的需要来确定和追求自己的理想目标。我们常听人说,哪里需要我,我就到哪里去。其原因在于,人的价值是放在社会大环境中来实现的。的确,革命战争年代,许多先烈在硝烟弥漫、冲锋陷阵中实现了自己的最大价值,他们不畏牺牲追求理想,哪怕是马革裹尸而回。而新中国建立后的很多年轻人,响应祖国的号召,到国家比较贫穷的边远山区去体验生活、锻炼自己,和农民朋友同甘共苦,学习劳动技能,这是顺应了当时社会主义建设大背景的需要;改革开放后,城里更需要人才,市场经济领域需要更多高端人才,这时他们又返回城市,在新时代的风口浪尖上劈波斩浪、高歌猛进。

2015年1月12日,在习近平总书记与中央党校县委书记研修班学员的座谈会上,总书记深情回忆起30多年前,自己在县委书记岗位上的经历、感悟、收获,结合现在的时代特点和党的历史使命,对在场和全国的县委书记提出了"心中有党、心中有民、心中有责、心中有戒"的要求。

谈到自己当年在河北省正定县的工作经历,习近平说:"我当年到了正定,看到老百姓生活比较贫困、经济社会发展水平比较落后的情形,心里很着急,的确有一股激情、一种志向,想尽快改变这种面貌。"

"我在正定时经常骑着自行车下乡,从滹沱河北岸到滹沱河以南的公社去,每次骑到滹沱河沙滩就得扛着自行车走。虽然辛苦一点,但确实摸清了情况,同基层干部和老百姓拉近了距离、增进了感情……"

而接下来,面对我们新时期的新问题,习近平强调,我国经济发展进入新常态,保持经济社会持续健康发展,必须转方式、

第二章 立人生大志 兴家国天下

调结构，必须实施创新驱动发展战略，必须推动新型工业化、信息化、城镇化、农业现代化同步发展。做好这些工作，县一级十分重要。全面深化改革，县一级要做什么事，能做什么事，要不等待、不观望，坚持问题导向，积极主动作为。

"当官发财两条道，当官就不要发财，发财就不要当官。"

"廉洁自律是共产党人为官从政的底线。"座谈会上，习近平总书记又一次提到鱼和熊掌不可兼得，提醒领导干部坚定自己的人生选择。

（摘自《人民日报》2015年01月13日 2版）

以上叙述中，习近平总书记现身说法，让我们真切体会到了——人生的理想是如何具体地历史地与社会现实紧密结合起来的。

二是我们要基于自己的能力来确定和实现自己的理想目标。自己的能力在各种各样的考试中表现得如何，自己的能力在社交圈子里处于什么地位，自己的能力在家长、老师、朋友或其他人的眼里处于什么角色。针对这些方面，我们都要好好度量一下自己，以免在定目标时闹出不自量力的笑话来。

有的同学总是会产生疑问：我也一向在发奋，为什么还是不能成功？我应怎样发奋才能够把理想变为现实？且看——

1871年的春天，英国蒙特瑞综合医科学校的学生威廉斯勒，也对自我人生中的问题感到很困惑。他不明白自己应怎样处理远大的理想和具体的身边小事的关系，不明白一个人应有什么样的做事态度才能成功。他渴望成功，但对手边的小事又觉得没有什么值得做的，甚至以为此刻的学校生活枯燥乏味，没什么值得去用心的。因而他的成绩也每况愈下。他找他的老师探讨这些困难的人生问题，老师推荐他阅读哲学家卡莱里写的一本哲学启蒙读物。老师说，他的书里或许有答案帮助你解决问题。

威廉斯勒是一个意志很坚定的青年，他一向不崇拜大人物，对许多问题一向有自我的独到见解。但既然是老师推荐的，他想或许真的有用，于是拿过书漫不经心地浏览起来。

突然间，书中的一句话让他眼前一亮："最重要的，就是不要去看远方模糊的东西，而是要做手边最具体的事情。"他恍然大悟，是啊，不论多么远大的理想，都需要一步步去实现啊！不论多么浩大的工程，都需要一砖一瓦垒起来啊！

他想明白了，他的困惑解决了，他最后找到了人生的答案。他知道，那些远大的理想，就应让它们高悬在未来的天空里；最紧要的，是把自我手边的每一件具体的事情做好。

也就是从那一天开始，1871年春天的一个下午，年轻的威廉斯勒开始埋头读书，正因他知道这是他目前最紧要的事情——要把自己的成绩提上去。所以，半个学期以后，威廉斯勒一跃成为整个学校最优秀的学生。

两年以后，威廉斯勒以全校最优异的成绩毕业。毕业后他来到一家医院做医生，他认真对待每一位患者，对每一次出诊都一丝不苟。兢兢业业的态度和精益求精的精神，使他很快成为当地的名医。

几年以后，他创办了约翰·霍普金斯学院。他把自我的人生态度贯彻到每一个细节里。许多专家学者慕名来到他的学院工作，使他的学院很快成为英国乃至世界最知名的医学院。

事实上，咱们研究那些成功者的人生轨迹，就能够发现，他们都是十分务实的人，他们有远大的人生目标，但他们每一天都在一步一步地扎实地向着自我的目标迈进，他们的人生词典里没有犹

第二章　立人生大志　兴家国天下

豫，没有彷徨，更没有朝三暮四的空想。

一个人应有远大的理想，没有理想就会迷失方向。但是，要实现理想，就务必踏踏实实地从手边的事情做起，不能好高骛远。因为，手边的每一件小事才是你理想大厦的一砖一瓦，好高骛远的空想只能是空中楼阁。

三是要考虑到自己的兴趣爱好，来选择最适合自己的理想目标。其实，自己喜欢的就是最感兴趣的方向，最感兴趣的才是最喜欢做的事情。我们常常看到，有些人上大学后说，这个专业不是我最喜欢的……仔细想想，自己都不喜欢，他能在大学里学得到位吗？他毕业后干这方面的工作能开心吗，能刻苦用心地钻研自己的业务吗？像这种人生理想，与其走上了更高的层次，不如爱我所爱，乐我所乐，最大限度地实现自我价值。

"兴趣是最好的老师。"一个人如果做他感兴趣的事，他的主动性将会得到充分发挥。即使是十分疲倦和辛劳，也总是兴致勃勃、心情愉快；即使困难重重也绝不灰心丧气，而是去主动想办法，百折不挠地克服它。如果大家去学自己感兴趣的知识，学习的时间也许很长，但你会丝毫不觉得苦，反倒像是在做游戏一样的快乐。

爱迪生就是一个好例子。爱迪生几乎每天都在他的实验室辛苦工作长达18个小时，在里面吃饭、睡觉，但他丝毫不以此为苦。"我一生中从未做过一天工作，"他宣称，"我每天其乐无穷。"难怪他会取得这么大的成就。

事实上，每个从事他无限热爱的工作的人，都能成大事。而我们还没有发现——有人在他不感兴趣的领域能够取得巨大的成

就呢。

达尔文在《自传》中曾说："就我记得的我在学校时期的性格来说，其中对我后来产生影响的就是：我有强烈而多样的趣味，沉溺于我感兴趣的事物，深入了解任何复杂的问题和事物。"可见，达尔文青年时代的兴趣，对他创立生物进化论起到了重要的作用。

兴趣是智力活动的巨大动力，是人们进行求知活动和学习的心理因素。兴趣比智力更能促进我们的学习，强烈而稳定的兴趣是从事活动、发展才能的重要保证。

由于对绘画的兴趣，著名画家齐白石锲而不舍，他40多岁成名，70多岁画的虾才达到顶峰；陈景润对数学的兴趣，使他忍受疾病的折磨，为摘取数学皇冠上的明珠哥德巴赫猜想而努力；聂卫平对围棋的迷恋使他成为棋圣；伏明霞对跳水的迷恋使她成为奥运冠军、跳水女皇。

总之，我们不但要树立远大理想，更要树立适合自己的人生理想。商业场合里有句话叫做：只买对的，不买贵的。就我们的人生理想而言，我们也是：只选对的，不选贵的。

第二章　立人生大志　兴家国天下

第三节　修身齐家平天下

【价值观指引】

　　修身齐家治国平天下，其含义是提高自身修养，理好家政，治理好所在的地区，最后使全国安宁。这句话出自西汉戴圣《礼记·大学》："物格而后知至，知至而后意诚，意诚而后心正，心正而后身修，身修而后家齐，家齐而后国治，国治而后天下平。"意思是说，通过降低自己的欲望，减少自己的贪念，来让自己头脑清醒。在待人处事的各方面要做到"真诚"二字，努力断恶修善。久而久之，自己的修养就好起来了，就有智慧了，这时就可以把自己的家庭经营好了。家庭是国家的缩影，把自己家庭经营好了的人，也可以把国家治理好。一个能把自己的国家治理好的人，那么他也一定能让世界充满和谐，使天下太平。

【价值观实践】

　　修身齐家治国平天下，概括了修身与社会和谐之间的关系，它包含两层含义：

青少年价值观读本【高中版】

其一，儒家主张"天下为公"，人们应该共担社会责任。既然社会成员都不是孤立的存在，因此我们就必须考虑自己的社会性内涵，讲求公共意识和公共道德，不论身处社会基层的民众，还是属于贵族阶层的大夫，乃至国君、天子，都要自觉修身。

狄仁杰年轻时，生得面如冠玉，眉清目秀，相貌英伟。赴京应考途中投宿旅店，夜静灯下读书，突然一位美艳少妇来到他房里，原来是旅店主人的媳妇，结婚不久，丈夫去世，日间见狄仁杰俊秀非凡，春心澎湃难以克制，候至晚间以借火为由向狄仁杰挑情，不料狄仁杰虽然知道她的来意，却丝毫不动心，而且友善地说：见你如此艳丽动人，使我回忆起老和尚的话。少妇好奇地追问是甚么话，狄仁杰借机开导她说：赴京前在寺中寄居读书，寺中老和尚见我相貌，曾经警戒我说：你相貌堂堂，将来必定显贵闻达，但是须要谨记，千万不可贪色犯淫，否则前程尽毁。我说：艳女美色，是人人皆喜爱，如何能够遏止这种欲念呢？

第二章　立人生大志　兴家国天下

老和尚教导我说：当你见到美貌艳姿，淫念冲动之时，如果将美女想象为吸血的狐狸精、毒蛇鬼怪；将她秀丽的面貌想象为害了大病的人，既黄且瘦，犹如鬼脸一般；将迷媚的粉脂，想象为人临死的时候，面目青黑，七孔抽搐那样的丑恶难看；将诱惑人的窈窕丰姿，想象为感染梅毒溃烂，并且那恶臭的浓血，引来了无数的苍蝇，令人掩鼻疾走；一旦与她交合，不仅被吸取精血，精气枯竭，且百病交侵，受尽病魔折磨。倘若能这样设想，淫念欲火就会静止得如清凉的寒冰了。

老和尚的教诲，我一直谨记于心。所以刚才初见你那撩人动情的丰姿艳容，正当欲火冒升之时，老和尚的话立刻在我耳边响起来，炽热的欲火即刻下降。你能够励志守节，乃难能可贵，切勿因一时的冲动，而败坏你的名节，况且你上有年老的公婆，下有年幼的儿子，都需要你一人承担照顾，如果与我通奸，随我而去，公婆、幼子将顿失依靠。

古代妇人守节美德为世人所称颂，例如韩久英，因恐怕遭色贼奸淫，而持刀割去自己的鼻子；又如高仲举的夫人逢淫贼，用镜柄刺双目，毁容以保贞。还有其他许多节妇为保贞节，有的投井，有的以热油烫面毁容，以种种方法确保自己的洁净身躯。

少妇听了狄仁杰这番话之后，感动得流泪满面，拜谢说：感谢恩公大德，不但保全我的贞节，又教我遏欲的方法，从今以后，一定心如止水，冰清玉洁，坚守妇节，以报恩公今日教诲。然后再三拜谢而别。

后来这位少妇，坚守妇节，显名邻里，为人称颂。狄仁杰赴京应考，高中状元，官至宰相，辅助唐朝安邦定国，爱民如子，处处毁淫书，提倡伦理道德，成为历史上的著名宰相，留芳万世。后人有诗盛赞狄仁杰：

> 己身守志避邪缘，尚勉孀姬节要坚；
> 切戒一时云雨娱，名留万载感苍天。

其二，由个人而家、国、天下，由身修到家齐、国治、天下平，这是一个具有内在逻辑联系的过程。社会要取得大同与和顺，人们就必须自觉修身，由"明德"而"新民"，进而实现社会的"至善"。这与孔子所说的"修己以安人"一致，突出了"修己"或"修身"的价值与意义。

明朝开国皇帝朱元璋，放牛娃出身，小时候受尽了贪官污吏的压榨。父母早死，大哥饿死，其他几个哥哥和姐姐颠沛流离、背井离乡，朱元璋被逼之下，当过化缘和尚，受尽风餐露宿之苦。再后来和尚也做不成了，索性参加农民起义军。经过漫长的反抗斗争，万幸做了皇帝。

朱元璋这个修身的过程，就是体验民情、虑及民心的过程。因此他当上皇帝后对贪官污吏痛恨极深，他曾多次告诫百官说："我以前在民间时，见到州县官吏多不爱民，往往贪财好色，饮酒废事。凡民疾苦，视之漠然，我心里恨透了。如今要严立法禁，官吏凡是贪污蠹害百姓的，严惩不恕！"

什么是贪污，朱皇帝有规定，凡是官吏贪污至六十两银子以上的枭首示众，并处以剥皮之刑。当时府县衙门左边的土地庙，成了剥皮的刑场，因此老百姓称土地庙为皮场庙。有的衙门公座旁边还摆着塞满稻草的人皮，叫当官的触目惊心，警告他们这就是贪官的下场。不仅如此，还鼓励老百姓检举揭发腐败官员，当时的贪官可谓是草木皆兵。

朱皇帝痛恨贪官，对于顶风作案的人决不手软。可是他的女婿

第二章　立人生大志　兴家国天下

欧阳伦却敢冒天下之大不韪，自己以为有后台，居然就有恃无恐。

欧阳伦一表人材，对安庆公主温柔体贴，很得公主欢心。有了这层关系，欧阳伦便利用自己是皇帝爱婿的特殊地位和身份，勾结一些官吏和奸商大做茶叶生意，甚至动用武装押运，使白银源源流进他的私囊。上行下效，有些人便公开干起走私茶叶和盐的勾当，使国家税收锐减。消息传到朱元璋那里，朱元璋便派人暗访明查，取得了确实的证据后，决心依法严惩。公主坐卧不安，在父亲面前又哭又闹又求情，甚至以死相要挟，有些皇亲国戚也纷纷求情，要求免欧阳伦一死。作为皇帝的朱元璋，也有七情六欲，也有亲子之情，但他想到走私活动屡禁不止，而且越来越炽，任其下去，国家将会由盛而衰，最后他终于在欧阳伦的案卷上朱笔一挥，忍痛批下一个"斩"字。

王子犯法与庶民同罪，欧阳伦犯法被斩，虽是个案，却显示了明朝初年反腐的决心。更彰显了朱元璋把修身、齐家与治国、平天下内在地统一起来的决心与勇气。

有的同学会问，我们作为青年学生，现在还没有到齐家、治国、平天下的时候，那么，我们该如何具体修身呢？

《大学》给出的方式是：格物、致知、诚意、正心。"格物"要求"即物穷理"，在具体行为中增长见识；"致知"是在实际行动中探明本心，求得真知；"诚意"是在推致事物之理的基础上诚实意念；"正心"是去除各种"未安"的情绪，保持心灵的宁静。修"身"落脚于修"心"，人们可由此提高品德修养，整齐家族家庭，实行仁政德治，最终求得天下太平。要学会修心，就要严格要求自己，砥砺前行，在逆境中锤炼自己的本领。

美国有一家农场主，为了方便拴牛，在庄园一棵榆树的树干上箍了一个铁圈。随着榆树的长大，铁圈慢慢地长进了树身里，榆树的表皮便留下一道深深的伤痕。

有一年，当地发生了一种奇怪的榆树病，方圆几十里开外的榆树全部死亡，唯独那棵箍了铁圈、留下深深伤痕的榆树却存活下来。植物学家对此产生了兴趣，结果发现，正是那个给它带来伤害的铁圈救了它，是它从锈蚀的铁圈里吸收了大量的铁，所以才对真菌产生了免疫力。

不仅是树，人生也是如此，有时修身中遇到的伤害，会成为生命的一道养料，让生命更加坚强。

"修身齐家治国平天下"，我们可以视之为对"大学之道"的总体概括，它也是儒家学说的精髓所在。儒家"修齐治平"之道，也是自尧舜以来古圣先贤智慧的凝练与总结。因此它才能够在历代士人的心中深深扎根，以致无数的志士仁人都胸怀天下，心系苍生，拥有崇高的价值信念和高尚的理想追求。

第三章　惜时如惜金　学习有窍门

每个生命都有他的起点和终点，只不过是长短的差距而已。细说到我们人，从卵子受精那一刻起，便孕育了生命，开始在母体中吸取营养并发育成长。待来到了人间后，接受人世间的洗礼，并接受欢乐、痛苦、烦恼甚至病痛的折磨。而等到对世间有许多留连和不舍的时候，自己已花发盖顶，老态龙钟了。"怎么我就老了啊！"这是很多人在晚年时从心底发出的感叹。

在短暂的一生中，我们只有努力学习知识，提高能力，才能精于业务，创造更高的价值。那么，在有限的时间里，怎样才能最大限度地提高我们的学习效率呢？这也是很多付出努力而没有取得好结果的同学所头疼的问题。本章我们将逐一为你讲解。

第一节 学问无止境 学法有捷径

【价值观指引】

　　时间是指一切具有不停止的持续性和不可逆性的物质状态的各种变化过程，是对共同性质的连续事件的度量衡的总称。时是对物质运动过程的描述，间是指人为的划分。时间就是思维对物质运动过程的分割与划分。

　　勤学的人，总是认为时间不够用、过得飞快，所以他们是偏爱时间的；而时间也不会白白地接受人们的厚爱，却是反过来偏爱勤学者，给他们以丰厚的回馈，诸如名誉、地位、金钱或其他方面。可以看出，人和时间实际上就是爱与被爱的关系，你爱时间，时间自然就爱你；你冷落时间，让它在你眼皮底下偷偷溜走，它也对你不理不睬，该给你的什么东西都不会给你了。

　　明日复明日，明日何其多，我生待明日，万事成蹉跎。世人若被明日累，春去秋来老将至。朝看水东流，暮看日西坠。百年明日能几何，请君听我明日歌。（《明日歌》）

　　天可补，海可填，南山可移。日月既往，不可复追。（曾国藩）

第三章 惜时如惜金 学习有窍门

时间就是生命,时间就是速度,时间就是力量。(郭沫若)

荒废时间等于荒废生命。(川端康成)

要找出时间来考虑一下,一天中做了什么,是正号还是负号。(季米特洛夫)

你热爱生命吗?那么别浪费时间,因为时间是构成生命的材料。(富兰克林)

所以,"勤奋学习"一语,无论对于我们小时候,还是现在上高中,将来上大学或走进社会了,都是实用的。因为时间对于每个人来讲都是客观存在的,而我们人生的每一个阶段,若不抓紧时间学习,就会落后于时代,就会把我们该今天完成的任务推到下一步去搁置起来,而事实证明,有些事情是可以放在明天、后天来完成的,而有些事情过了一定时限就失去其应有的价值了。所以,不勤奋的人,往往会坐失机遇,或白白地浪费生命的价值。

哈佛大学图书馆里张贴着多幅名言,其中一条就是:Never put things you can deal just now to tomorrow(勿将今日之事拖延至明日)。人们常说"今日事今日毕",然而现实生活中往往并不能充分实现这一点。因为惰性而产生的拖延,时时刻刻发生在我们的身上:早上躺在床上不想起来,起床后什么事也不想干,能拖到明天的事今天不做,能推给别人的事自己不做。"懒惰"就像很有诱惑力的怪物,每个人的一生都会与这个怪物相遇。它是人类最难对付的一个敌人,许多本来可以做到的事,都因为一次又一次的懒惰拖延,而错过了成功的机会。

富兰克林说:"懒惰像生锈一样,比操劳更能消耗身体。"懒惰是人的一种劣根性,为了做成某件事,我们必须与它抗争,超

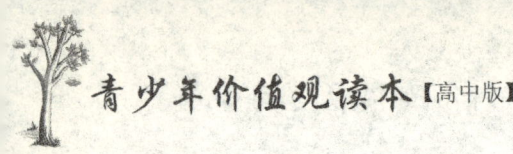

越这种劣根性的钳制。这种抗争和超越,一开始总要由一些外力来推动,进而才逐渐内化为恒定的精神和行为习惯。一旦养成勤劳的习惯,我们往往就会拥有一份稳定的愉快心情。因为人在专注的时候,意念与行为协调归一,所以恶劣的情绪便没有潜入的机会,更没有盘踞的空间。一个进入勤劳状态的人,心中就不会有长久驻足的懒惰。所以,克服懒惰最直接、最有效的方法就是使自己忙碌起来。

露西娅是美国一家家族企业的老板,事业上,她完全依赖于自己的丈夫,自己也因此变得越来越懒惰。后来,由于她的丈夫突发车祸意外身亡,公司也跟着倒闭了,家庭的全部负担都落在露西娅一个人身上,并且她还要抚养两个子女。面对如此困窘的境况,露西娅不得不去工作赚钱。她每天把孩子们送去上学后,便去替别人料理家务。晚上,孩子们做功课时,她还要做一些杂务。有一天,露西娅发现很多现代妇女都因外出工作而无暇整理家务。于是她灵

第三章　惜时如惜金 学习有窍门

机一动，花了7美元买来清洁用品，为有需要的家庭整理琐碎家务。为了这一份工作，露西娅付出了很大的勤奋与辛苦。渐渐地，她把料理家务的工作变成了一种技能，并成立了专门的公司。后来，甚至大名鼎鼎的麦当劳快餐店也找她代劳。如今的露西娅拥有了自己的保洁公司，每天的订单滚滚而来，但是她并没有因此而松懈，仍然夜以继日地工作。

勤劳，是一种积极的生活状态；懒惰，从某种意义上讲就是一种堕落，它就像精神腐蚀剂一样，慢慢地侵蚀着你。一旦背上了懒惰的包袱，生活将会为你掘下的坟墓。马歇尔·霍尔博士认为："没有什么比无所事事、懒惰、空虚无聊更加有害的了。"对于懒惰的人来说，想要成大事几乎是不可能的，因为懒惰的人总是贪图安逸，遇到一点儿风险就吓破了胆。另外，这些人还缺乏吃苦实干的精神，总存有侥幸心理。而那些能够成大事的人，他们更相信"勤奋是金"。所以在被懒惰摧毁之前，你要先学会摧毁懒惰。从现在开始，你就要摆脱懒惰的纠缠，不能有片刻的松懈。

"勤奋是通往成功的必经之路！"这是古罗马皇帝临终前留下的遗言。古罗马人有两座圣殿，一座是勤奋的圣殿，一座是荣誉的殿堂。他们在安排座位时有一个顺序，必须经过前者的座位，才能到达后者。

可见，勤奋是通往荣誉圣殿的必经之路。人生的道路也是如此，要想到达成功的圣殿，唯一的道路就是勤奋。

在哈佛，所有的学子都明白这样一个道理：懒惰的人缺少的是行动，他们是思想的巨人，行动的矮子！所以青年朋友们要时刻提醒自己："成事在勤，谋事忌惰。"要知道，人生短暂，懒惰就如同自杀。

【价值观实践】

对于我们高中学生来说，怎样才能养成合理利用时间、科学管理时间的良好习惯呢？

一是化零为整凑时间。如果我们想成为时间的富有者，首先就要学会化零为整，善于把时间的"边角余料"拼凑起来，充分利用，并且还要做到：

（1）切莫小看几分钟。

一个叫雷曼的学者说："每天不浪费、不虚度或不空抛剩余的那一点点时间，即便只有五六分钟，如得正用，也一样可以有很大的成就。游手好闲惯了，就是有聪明才智，也不会有所作为。"毛泽东同志的很多著名诗篇就是在马背上吟成的。奥地利音乐家莫扎特，常常利用理发的时间思考创作，每当理发师把围裙一解，他就立即要来纸和笔，把理发时考虑好的乐谱记下来。

其实，一个人的时间无论怎么紧张，在等车、理发、做饭、散步中挤出三五分钟时间还是可能的。日积月累，化零为整的时间就多起来了。

（2）空余时间不能丢。晋朝著名书法家王羲之经常利用饭前饭后的时间来练笔，因此，我们也可以对每天饭前、饭后空余时间加以利用。长期坚持下去，就能得到不少时间。

（3）早晚时间要利用好。我国东汉学者董遇，治学善于抓三余："冬者岁之余，夜者日之余，阴雨者时之余。"他利用这三种

第三章 惜时如惜金 学习有窍门

空余时间读了好多书。我们如果也能多利用点早晚时间来学习，就是最好不过的事情了。

二是要设法简化生活，腾出空余时间。一个有志于求知上进的人，一般都不沉醉于繁琐的生活，也不热衷于迎来送往。作家端木蕻良，曾有贴诗谢客的佳话，为的是杜绝来客的无谓干扰。居里夫人为了腾出时间从事科学研究，她尽量缩短搞卫生的时间。这些名人之所以采取这些办法，不是不要友情，而是避免时间和精力的无谓消耗，这对我们当代青年来说，其精神是值得效法的。

三是善于利用假日，巧妙安排时间。按照国家规定，每个职工每年有节假日110天左右，加上休假，一年共有130天左右。我们作为学生，对于法定的节假日，是可以利用起来学习的，而对于常规的周末两天，有的学校可能要统一安排学生补习，有的学校则把这段时间放给学生自由学习，那么，我们就要争取让这段课外时间发挥最大的学习效益。数学家科尔解开"2的67次方减1"是质数还是合数的数学难题后，有人问他花了多少时间？科尔的回答是："三年内的全部星期天。" 瞧，这三年的星期天是多么有价值啊！

四是安排时间时先问三个"能不能"。

(1) 能不能取消它。一个人的时间和精力是有限的，不可能什么都去做。所以节制一下过于广泛的兴趣、过于广泛的社交是十分必要的。对那些完全不必去做的事，不必见的人，我们应该决然取消。对做不做无妨的模棱两可的事情，为了节省时间，亦可不予安排。

(2) 能不能合并起来做。要把能合并起来办的事、见的人，

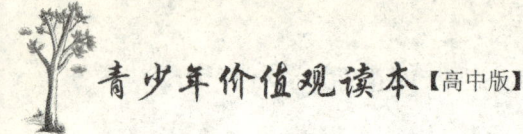

尽可能合并起来办，做到一举两得，两全其美。比如用洗衣机洗衣时，我们可以洗菜、做饭；排队时我们可以看报刊杂志；看电视时我们可以记忆歌词、搜集有关作文素材；散步时，我们可以在交谈中活跃自己的思维，辩论很多有意义的话题；旅游时我们可以开展很多社会实践活动，多分析思考一些人生和社会问题。

（3）能不能代替它。要用费时少的办法代替费时多的办法。一个人能办的事，不要派两个人、三个人去做；要了解一部名著的内容和情节，我们可以看一部电影或一本连环画，而用不着去看原著的那么多内容；对于有些信息，我们利用电视、广播、报刊、电话等传播工具就可以了解了。

五是利用时间要先抓三个"快不快"。

（1）节奏快不快。调节做事的频率，加快自己的节奏，可以节省时间，提高效率。

（2）动作快不快。动作的快慢决定着所用时间的长短。

有人说：一个闲来无事的老太太，为了给远方的孙子寄张明信片，可以足足花上一整天的时间。买明信片要一个钟头，寻眼镜一个钟头，查地址一个钟头，写信一个钟头，上街投邮又是一个钟头。而一个动作迅速的人5分钟就可以办完。

（3）进展快不快。我们讲新的时代观念、时间观念和节奏观念，就是为了提高办事的效率，如果一个小时办完了需要两个小时办的事，其进展速度就提高了一倍。事实证明，我们在有限的时间内办成更多的事情是很有价值的。

第三章　惜时如惜金　学习有窍门

第二节　聚焦学习生产力

【价值观指引】

古人云：吾生也有涯，而知也无涯。

《三字经》曰：人之初，性本善；性相近，习相远。就是说，人生下来的时候都是善良的，只是由于成长过程中，后天的学习环境不一样，性情也就有了好与坏的差别。足见后天学习改造的重要性。

其实，学习是一项与人类发展始终相伴的基本活动。现在我们提出，学习也能创造生产力，此话不假。从生产力的三个要素来看，学习者要重视学习素质的提高，比如学习方法的先进性；学习对象就是我们要学的知识和能力，需要我们在学习过程中去一步一步地加以拓宽和深入；学习工具就是我们通过什么途径来学习的问题，比如是采用纸质书籍、电子信息媒体，还是老师传授抑或自学等途径。从这三个方面来看，有的同学三者都做得比较好，所以学习效率倍增，成果也很喜人。

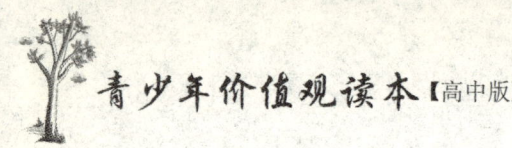

【价值观实践】

从很多高考状元的成功经验来看,为了在学习方面能够爆发出更大的生产力当量,他们家庭教育中的某些思维和做法,还是值得我们借鉴的。

(1)他们既热衷于学习知识与能力,更热衷于思考已学或未知的领域。一位高考状元说"享受学习才是最高境界""思考才是最高境界",而教育的本质就是教会我们思考。理科状元们往往都热衷于逻辑与推理,做个生化实验就像是他们眼中的游戏一样;而文科状元们都比较爱阅读、勤思考、善表达,和不同的人聊天也能成为他们的爱好之一。足见思考对于一个人一生成长的重要性。

爱因斯坦的成功,首先应归功于他正确的思考和创造力。

第三章 惜时如惜金 学习有窍门

有一次,大发明家爱迪生满腹怨气地对爱因斯坦说:"每天上我这儿来的年轻人真不少,可没有一个是我看得上的。"

"您断定应征者合格或不合格的标准是什么?"爱因斯坦问道。

爱迪生一面把一张写满各种问题的纸条递给爱因斯坦,一面说:"谁能回答出这些问题,他才有资格当我的助手。"

"从纽约到芝加哥有多少英里?"爱因斯坦读了一个问题,并且回答说:"这需要查一下铁路指南。""不锈钢是用什么做成的?"爱因斯坦读完第二个问题又回答说:"这得翻一翻金属学手册。"

"您说什么,博士?"爱迪生打断了爱因斯坦的话问道。

"看来我不用等您拒绝,"爱因斯坦幽默地说,"就自我宣布落选吧!"

爱因斯坦从自己的切身体验出发,强调不能死记住一大堆东西,而是要能灵活地进行思考。

爱因斯坦认为,正确地进行思考,是追求机会至关重要的条件。

小时候的爱因斯坦一点也看不出来有什么天赋,到3岁的时候,还不会讲话。6岁上学,在学校里成绩非常差,一上课就是被批评的对象,老师还说他永远也不会有什么大的出息。大家一致认为他是一个天生的笨蛋。

但,爱因斯坦在12岁的时候,就已经决定献身于解决"那广漠无垠的宇宙之谜"。15岁那一年,由于历史、地理和语言等都没有考及格,也因为他的无礼态度破坏了秩序和纪律,他被学校开除。

爱因斯坦非常重视思考和想象。他说:"想像力比知识更重要。因为知识是有限的,而想像力包括世界上的一切,推动着进

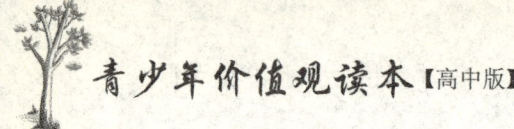

步,并且是知识进化的源泉。"16岁时,他喜欢做白日梦,幻想着自己正骑在一束光上做太空旅行,然后思考:如果这时在出发地有一座钟,从我坐的位置看,它的时间会怎样流逝呢?

从此,他开始了他的科学远征。他设计了大量理想实验,提出了"光量子"等模型,为相对论和量子论的建立奠定了基础。

灵活地进行思考对一个人的成功是非常必要的。只有我们抱持"提出一个问题往往比解决一个问题更重要"的思想,才能不断地提出问题,并在解决这些问题的同时逐渐迈向一个个人生的高峰。

事实证明,带有思考的学习是最能创造生产力的学习模式,思考的方式是我们进一步发现新的学习对象、优化学习手段、提高自身学习素养的好办法。所以,北京一位理科状元的妈妈说:"四岁多那会儿,孩子的外号就叫十万个为什么,我们基本上是有问必答,这只是单纯地想保护孩子求知的欲望。前段时间她突然跟我说,在她四岁多的时候,就知道真理是无穷无尽的了"。

(2)学霸也离不开非智力因素的铺垫作用,比如爱的滋养、情绪情感的激励和环境影响等。所以,我们一方面要把家庭营造成一个和谐乐观的学习环境;另一方面要调整好自己的心态,以积极向上的精神去挑战学习中的每一个难题。

良好的学习环境不仅可以延缓或消除脑力疲劳,还能使脑效率提高15%至35%。因而,每一位教育工作者、学生及家长都必须重视这个问题,以确保理想的学习效果。

声音:包括噪音和乐音。教育专家建议,学习环境的噪音应小于30分贝,思考时最好小于20分贝。而经过较长时间的学习后,聆听悦耳的轻音乐,是使人放松、消除疲劳的有效方法。

第三章 惜时如惜金 学习有窍门

光线：过强或过弱的光线对学习都有不良影响。一般来说，在阅读普通印刷品时，以40至100烛光的光线较为适宜。就光线的方位而言，在阅读平面材料及书写时，光线宜来自后方，最好是左后方；在观察立体的物体时，光线宜来自左侧或右侧，同时保证光线与视线成直角，以突出材料的主体感；就光线的种类来说，宜用白炽灯而不用日光灯。

温度：据专家测定，学习环境的最佳温度是20度，在这一温度下，人脑加工处理信息和思考问题的能力最强；当气温低于10度时，人的头脑虽然清醒，但解决问题的能力相对较差；当气温高于35度时，由于大脑的能量消耗增加，其疲劳的程度也随之增加，学习效率受到影响也就不足为奇了。

空气：充足的氧气为大脑的高质量运转提供了可能性。因而，保持学习环境中空气的清新、流通，对学习的效果具有积极的作用。

气味：室内适宜的花草气味，对提高学生的学习效率会产生意想不到的效果。玫瑰、柠檬的香味给人愉快的感觉，使人有遏制不住的学习欲望。专家在研究中甚至还注意到，即使平时智力较差的孩子，在弥漫着母菊、薄荷、新鲜的草散发出香味的环境中待上几个小时，思维速度也会加快，思路也变得更清晰。

色彩：研究发现，人的心理对各种色彩的反应不尽相同。浅黄色、草绿色能提高孩子的智商；淡绿、淡蓝色可以使人平静，易于消除大脑疲劳，使人精力充沛；深红、深黄色可对人产生强烈的刺激，使人脑兴奋，随后便受到抑制。

总之，环境好，学习的氛围就好，这样你就会很自觉地想学；若学习氛围不好，你则会感到烦躁、抱怨，产生一系列消极情绪。

从家庭的人文环境来看，爱的浇灌无疑是很重要的一环。为了

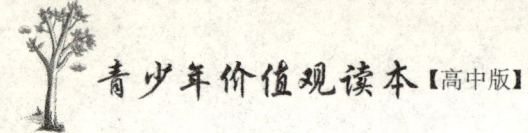

让同学们有个良好的学习心态，建议家长不要在孩子学习时老是谈论家里的矛盾纠纷，不要总是挑孩子的刺，而要想方设法给孩子提供一个温馨、舒适、关爱、友好的学习氛围。很多学霸们的背后并没有一群举着鞭子的虎妈狼爸，而是相反——

妈妈与备考中的女儿约定，每晚睡前都要"爱的抱抱"，互道"晚安"。而在校园中，爱也一直都存在着，某文科状元在进入高中时，本是班上中考分数倒数第二的学生，他在整个高一便是混混度日。针对这个问题，老师从发掘其优点开始，耐心开导，才让他慢慢恢复了学习兴趣。毕业时，他在给老师的信中写道："谢谢您让我发觉了自己的才华，我必将以真善美来回报社会"。

这就很好地诠释了爱与成绩的关系——"孩子成绩差，多半是缺乏安全感，导致能量在内心冲突中消耗殆尽。

（3）抓学习生产力的过程中，要学会对生活进行调剂。正所谓"会生活才会学习"。我们要"静若处子，动若脱兔"。既爱学习，也爱生活中的花鸟虫鱼、粗茶淡饭，以致人间百味。烦了就画一画以解解闷，累了就听听歌缓释缓释，压力大了就出去跑跑步调节调节……

在谈到如何面对和调节压力时，很多高考状元都不约而同地提到了自己的小爱好。寒窗十年，只有劳逸结合，学习才会成为发自内心的享受。一个状元说到，自己从小就爱看漫画，老师在一次家长会后与母亲面谈，提醒看漫画会影响孩子学习。母亲感谢了老师的关心，表示会多多关注，但同时也解释道："漫画是他的爱好，这是他热爱生活的表现。"因此，对于如何处理兴趣与学习之间的关系，母亲一直对孩子表示了尊重与信任。他说，妈妈的做法让他

第三章 惜时如惜金 学习有窍门

认识到:"学习只是生活的一部分,是我们现阶段最重要的,但在搞好学习的前提下,参与一些其他的活动,也是我们幸福生活的一个组成部分。"

综上所述,我们不要两眼只瞄准自己的分数是否能上得去,还需要动脑思考一下,自己为什么总是赶不上人家的学习成绩?原因就在于学习的生产力没有上得去。事实上,只要我们把这个关键环节抓好了,无论是考试成绩还是自己的综合素质,都会打一个翻身仗。

第三节　会学乐学我做主

【价值观指引】

生而知之者上也；学而知之者次也；困而学之又其次也；困而不学，民斯为下矣。（孔子）

学而时习之，不亦乐乎？（孔子）

知之者不如好之者，好之者不如乐之者。（孔子）

读书譬如饮食，从容咀嚼，其味必长；大嚼大咀，终不知味也。（朱熹）

人若志趣不远，心不在焉，虽学不成。（张载）

学者贵知其当然与所以然，若偶能然，不得谓为学。（孙中山）

情况是在不断的变化，要使自己的思想适应新的情况，就得学习。（毛泽东）

学习专看文学书，也是不好的。先前的文学青年，往往厌恶数学、理化、史地、生物学，以为这些都无足轻重，后来变成连常识也没有。（鲁迅）

处处是创造之地，天天是创造之时，人人是创造之人。（陶行之）

学习这件事不在乎有没有人教你，最重要的是在于你自己有没有觉悟和恒心。（法布尔）

从观察中不仅可以汲取知识，而且知识在观察中可以活跃起

第三章 惜时如惜金 学习有窍门

来,知识借助观察而"进入周转",像工具在劳动中得到运用一样。如果说复习是学习之母,那么观察就是思考和识记知识之母。一个有观察力的学生,绝不会是学业成绩落后或者文理不通的学生。(苏霍姆林斯基)

读和写是学生最必要的两种学习方法,也是通向周围世界的两扇窗口。(苏霍姆林斯基)

大家从出生开始就一直进行着学习,所以,提起学习,大家都会很熟悉,但是又有几个人能够说出——什么是真正的学习呢,怎样才算是学会学习了呢?小时候我们拿着语文书哇哇地朗读,父母常常会夸我们爱读书、会学习;后来,我们把老师教给我们的知识原原本本地书写到考卷上,得分当然很高,老师和家长都肯定我们会学习;再后来,我们渐渐发觉这种学习方法是有问题的了,因为面对很多考题,我们照本宣科地解答是无济于事的,而我们只有以开放性的思维、逆向的思维甚至自我建构的方法,才能将某个问题解答出来。

【价值观实践】

我们不妨在学习过程中多琢磨一下,怎样才能学得快又学得好,怎样才能调动自己有限的精力与能力,发挥最大的学习效益?

(1) 会学应是一种思维方式和行为方式的优化。我们的学习方式不应该局限于"入乎耳,发乎口",因为听到的东西能很好地讲给别人,考试分数很高,但那毕竟是别人的脑袋里创造出来的东西。同时,如果我们只是从耳朵听进去,而从嘴里说出去就算完成任务了,那么,我们解决实际问题的能力就没有得到切实的锻炼。

青少年价值观读本【高中版】

20世纪70年代正处在"吃大锅饭"的体制下，公办教师每月工资20多元，粮食仍然紧缺。所在校区附近的生产队便给学校教师们提供一块地，种点薯菜之类以弥补粮食不足。

由于家属都吃农村粮，教师们必须交钱买粮，可是微薄的工资掰开来用也不够，无奈之下，一天，某教师自力更生、丰衣足食，就牵牛去犁地。他走进牛棚，上好牛绳拉牛，可是无论他怎么用力拉牛，牛就是不动，他对着牛一点办法也没有。这时正好他的哥哥来了，哥哥接过牛绳和竹鞭站了个单边式，左手牵牛右手拿鞭，在牛后挥了挥，嘴里一"嘘——"，牛就乖乖地大步走出了牛棚。

他哥把牛和鞭交给他，并告诉他说："赶牛要从牛屁股后赶，要牛向左走就拉拉绳子，要牛向右走就向牛甩甩绳子。"这位教师听后照着哥哥的话做了，牛很听话，于是，他很顺利地把牛赶到了地里。

停下来后，教师对着牛不满地说："唉，农民欺负我，而你不过是种田的畜生也这么欺负我呀！"

他哥帮他套上犁挎，教他怎么掌好犁，然后就走了。

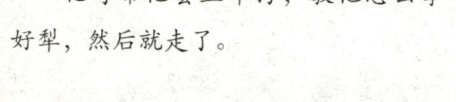

第三章　惜时如惜金 学习有窍门

他犁完一沟，调转犁头犁第二沟时，牛越走越慢，他就使劲地向前推，越推犁尖越往下钻。于是他就用肩膀去顶，以为这样能减轻牛的拉力。可事与愿违，牛开始发愣，很久才向前跨出一步，最后怎么拉也拉不动了，任他用鞭怎么抽都动不了，他累得满头大汗，气喘吁吁，最后只好无奈地停下来。

他走到牛的前面，侧着头对着牛诚恳地说道："唉，牛啊牛，你生来就是犁田的，除了拖犁，你还有其他的职业吗？真无能！"

仔细想一想，到底是谁无能呢？牛本是一个生产工具，而使用这个工具的人才是核心因素啊。这位教师其实就是头脑里装的死板知识太多了，而不懂得如何发挥自己的主观能动性，其思维方式和行为方式都还有大大的优化空间。

所以，我们作为学生，要让自己整个学习的价值体系得以重塑，要注重自己思维方式和行为方式的效率和效能。如果只是把所学习的知识当成一种死板的工具，那么这种学习顶多可以算作是静态的学习，刻板的学习，也就是没有生命力的学习。这种学习虽然能够使我们得到好成绩、得到奖学金、获得毕业证书，但是它却没有教会我们如何去进行自我完善、自我改造、自我适应。这样，恐怕我们就只能是一种知识的储存工具罢了。

(2) 真正的学习应该是一种自主性、探究性的学习。就是说，我们要在掌握一定学习方法后，独立动脑动手，利用已有的知识背景，来解决新问题、探索新方法、得出新结论。因此，我们要学知识，更要培养获得知识和整合知识的能力，拥有这份能力就不会使我们因为毕业而终止学习，更不会因为我们停留于知识本身而束缚了我们思想的发展。到大学以后，这种自主性、探究性的学习方式就比较流行了，而我们高中阶段，是为这种学习方式做铺垫的一个过渡环节。所以，我们要及早调整好自己的学习态度、学习手段、学习思维，无论是应付考试，还是综合素质的训练，都要学出自我、学出成果。

（3）真正的学习应该是为自己的心灵而有所建树。我们一直在学习，究竟学的是什么呢？有人说是知识与能力，但是归根到底我们塑造的是人生的一种境界。所谓大师，当然会有很高的学术水平，但他们更有常人难以企及的人生智慧和人生境界。学问易学，智慧难得；拥有知识，并不意味着拥有教养；拥有教养，并不等于对人世间有自己独到的看法，并不等于自己的心灵能够净化和修炼到一个崇高的境界。

其实，人生的学习分为四个层次：第一层次是把学习当作一种任务；第二层次是把学习当作一份责任；第三层次是把学习当作一种享受；第四层次是把学习当作一种信仰。所以，最高境界的学习，是一种"为己"之学，是为自己的信仰而学。这是一种更积极、更乐观的学习心态，是一种超越常人甚至会超越自我的学习心态。所谓"腹有诗书气自华"，读书的终点是实现内心的从容与淡定，将知识化为教养，将教养化为自己的信仰，或立一家之言，或成就自己的非凡创造发明，或改变历史的某一个角落。

懂得了以上这些学习目标和方法后，我们就会在学习的过程中找到属于自己的快乐，就会将"人家要我学习"变成"我想学习"了，甚至有人要想阻止我学习都是不可能的。此所谓学习的积极动机是也。

第三章　惜时如惜金 学习有窍门

牛顿是英国伟大的物理学家、数学家、天文学家。恩格斯说："牛顿由于发现了万有引力定律而创立了天文学，由于进行光的分解而创立了科学的光学，由于创立了二项式定理和无限理论而创立了科学的数学，由于认识了力学的本性而创立了科学的力学。"的确，牛顿在自然科学领域里作出了奠基性的贡献，堪称科学巨匠。而这种连环性的科学创意成果，就是牛顿钻研的乐趣所在。

牛顿出生于英国北部林肯郡的一个农民家庭。1661年考上剑桥大学特里尼蒂学校，1665年毕业，这年正赶上鼠疫，牛顿回家避疫两年，其间几乎考虑了他一生中所研究的各个方面，特别是他一生中的几个重要贡献：万有引力定律、经典力学、微积分和光学。

少年的牛顿就喜欢看一些关于简单机械模型制作方面的读物，从中受到启发并制作一些奇怪的小玩意。这使他乐在其中，兴趣非凡。

牛顿在中学时代学习成绩并不出众，他只是爱好读书，对自然现象有好奇心，尤其是几何学、哥白尼的日心说等。他还分门别类地记读书笔记，又喜欢别出心裁地做些小工具、小技巧、小发明、小试验。

1661年，19岁的牛顿以减费生的身份进入剑桥大学三一学院，靠为学院做杂务的收入支付学费，1664年成为奖学金获得者，1665年获学士学位。1665年年初，牛顿创立级数近似法，以及把任意幂的二项式化为一个级数的规则；同年11月，创立正流数法(微分)；次年1月，用三棱镜研究颜色理论；5月，开始研究反流数法(积分)。

在牛顿的全部科学贡献中，数学成就占有突出的地位。他数学生涯中的第一项创造性成果就是发现了二项式定理。而微积分的创立是牛顿最卓越的数学成就。1707年，牛顿出版了《普遍算术》，

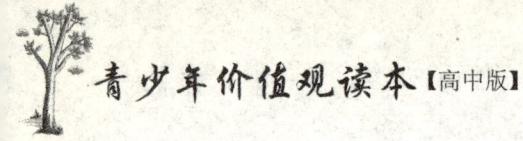

1736年出版了《解析几何》……

1666年，牛顿发现了白光是由各种不同颜色的光组成的，这是第一大贡献。1668年，他制成了第一架反射望远镜样机，这是第二大贡献。1671年，牛顿被选为皇家学会会员。1686年年底，牛顿写成划时代的伟大著作《自然哲学的数学原理》一书。

晚年的牛顿开始致力于对神学的研究，他否定哲学的指导作用，虔诚地相信上帝，埋头于写以神学为题材的著作。当他遇到难以解释的天体运动时，竟提出了"神的第一推动力"的说法。他说"上帝统治万物，我们是他的仆人而敬畏他、崇拜他。"

牛顿在临终前对自己的生活道路是这样总结的："我不知道在别人看来，我是什么样的人；但在我自己看来，我不过就像是一个在海滨玩耍的小孩，为不时发现比寻常更为光滑的一块卵石或比寻常更为美丽的一片贝壳而沾沾自喜，而对于展现在我面前的浩瀚的真理的海洋，却全然没有发现。"

牛顿为什么把自己比作一个爱玩耍的小孩，为什么又说自己沾沾自喜？其中除了他谦虚的成分以外，恐怕我们领会到的就是他在奋斗过程中获得的快乐了。他一生的研究领域非常广泛，往往是从一个方面波及到下一个相关联的领域，这就是他在研究的过程中产生的连环兴趣。那么，有的人会问，他一生中干这么多事情不累吗？答案是：由于他所获得的快乐弥补了他精神上的劳累，所以，剩下的就只能是身体上的劳累了。而身体的劳累是可以通过休息、调剂来缓解的。明白了这一点，我们就会义无反顾地为快乐而学习，为信仰而学习，把学习变成人生一个不可或缺的组成部分，达到"我为学习而生"的境界了。

第四章　求真以自立　谦虚以自警

　　求真就要求我们追求事物的本来面目，而不要去文过饰非。当今社会，爱慕虚荣、假冒伪劣、人际关系虚伪的情况层出不穷，这给处于高中阶段的学生带来很大的思想冲击。于是，同学们有时候变得很茫然，有时候变得很无奈。

　　谦虚是人的一种思想和行为模式，是中华民族的一种传统美德。但现在有些学生认为，在讲究物质、名利的社会里，我干嘛要谦虚呢？有时候因为自己谦虚反而丧失了很多机遇，反而把自己弄得很被动。那么，现在的年轻人到底是否需要把谦虚作为自己的立身美德来加以修养呢？

第一节 实在人做实在事

【价值观指引】

"实事求是"一词,最初出现于东汉史学家班固撰写的《汉书·河间献王传》,讲的是西汉景帝第三子河间献王刘德"修学好古,实事求是"。明朝王阳明在宋代朱熹"格物便是致知""理在事中"的基础上,提出了"知行合一"的观点,倡导"实事求是"的学风。这原本指一种严谨的治学态度和方法,是一个经学和考据学的命题,也是中国古代学者治学治史的座右铭。

实事求是,是指从实际对象出发,探求事物的内部联系及其发展的规律性,认识事物的本质。通常指按照事物的实际情况办事,不夸大,不缩小,正确地对待和处理问题,求得正确的结论。

因此,让实在人油嘴滑舌,还不如杀了他,这种人只会在他认为有感情时才会说些温情的话。否则,你让他说,他偏不说,他不愿受人摆布,即使知道人人都喜欢听!

让实在人道歉,大多是不容易的,逼急了,就来一句:知道错了就行了,干嘛非说出来,而更多时候,他纳闷他到底错哪儿了?

第四章　求真以自立 谦虚以自警

实在人有实在人的优点：让人放心，觉得踏实，值得信赖，偶尔说句浪漫的话，你也会惊喜万分！

以下是一位哥哥对老实弟弟打工的经验总结：

二弟老实，乍出门在外打工，人生地不熟的，我总担心他吃亏。趁着他回家过节期间，我想交代交代他。不料想，两杯酒下肚，他倒先打开了话匣子。他说："哥，老实人没亏吃！包工头看我做事实在，总把那些关键的活让我干，比如收发料、管电机、验验土方什么的；其实，这些活都轻巧，不但累不着，工钱还照样拿。"我问："若没有这些轻巧活呢？"他笑了笑，想起了自己得意的一件事。

"一次挖沟，宽一米深一米的大沟，长度是每人挖20米。别人都老早去抢占地段，拣好挖的地段挖。我却不抢占，谁知道哪里好挖？那些滑头们先后拣了较低凹的地段，最后把一段高岗子剩给了我。哪想到一锹挖下去才明白：那些低凹的地方却都是汽车轮子长期轧过的，而我挖的那一段，连人脚都没踩踏过，土层松软着呢。结果，他们两天没干完的活，我不到一天就干完了。"

我坚信地说，吃亏是福，老实人天不欺。他连连点头称——是是是，并反复念叨这一句话："吃亏在于不老实，老实人不吃亏……"他说的可不是醉话哦。

我们要相信老实人是不会吃亏的，就算一时间对自己有所亏欠，但从长远来看也会善有善报的。这里说的老实人，其实就是实在人的一种。实在的人办事实在，自当有功力，他们生产货物，货物的质量就过硬，产量也上得去，你说他创造的财富能不多吗？他的报酬最终能不丰厚吗？同时，实在的人做人也很踏实，他始终认认真真地对待他人，并且己所不欲勿施于人，你说别人知道他是这样一个好人后，能不对他好点吗？当然，有人会问，那如果这种人遇到既不要脸又不要命的人，该怎么办呢？首先，实在人一定要学会识别那些利用老实人的人，切忌上当受骗；其次，对这种人我们不能赋予他以正能量，而要见机行事，综合考量，以牙还牙；最后，我们要相信，这样的人除了良心道义的规制以外，还有法治与纪律来约束他们，因此，也不要过分担心这样的人会泛滥成灾。

【价值观实践】

作为一名高中生，做实在人就要求我们对学习不能偷懒，要一步一个脚印地学会、学扎实；在为人处世时，要以心换心，交朋友贵在交心，而不能糊弄别人。事实上，古今中外的很多实干家，都是靠他们的求真精神和实干的魄力与行动，来证实了事业是靠人干出来的。不论自己处境有多么艰难，不论自己起点如何，只要肯干、会干，就一定能闯出自己的一片蓝海。

李嘉诚童年过着艰苦的生活。12岁那年（1940年），正逢中国战乱，他随父母避难，逃往香港，投靠家境富裕的舅父庄静庵，可惜不久父亲因病去世。

身为长子的李嘉诚，为了养家糊口及不依赖别人，决定辍学，先在一家钟表公司打工，之后又到一家塑胶厂当推销员。由于勤奋上进，实实在在，业绩彪炳，只两年时间便被老板赏识，升为总经理，那时，他只有18岁。

1950年夏天，李嘉诚立志创业，向亲友借了5万港元，加上自己全部的积蓄7000元，在筲箕湾租了厂房，正式创办"长江塑胶

第四章　求真以自立　谦虚以自警

厂"。

不过，李嘉诚预料塑胶花生意不会永远看好，他更相信物极必反。于是求真务实，急流勇退，转投生产塑胶玩具。果然，两年后塑胶花产品严重滞销，而"长江"却已在国际玩具市场大显身手，年出口额达1000万美元，为香港塑胶玩具出口业之冠。

1965年2月，香港发生了严重的银行信用危机，人心惶惶，投资者及市民纷纷抛售房产，离港远走。香港房地产价格暴跌，地产公司纷纷倒闭。1967年，香港更发生反英暴动，进一步使房地产市场陷于死寂。

不过，李嘉诚却看好香港工商业的前景，认为香港这个商机十足的殖民地，不会久乱。他反行其道，在人们贱价抛售房产的时候，却大量购入地皮和旧楼。不出3年，风暴平息，香港社会恢复正常，经济复苏，大批当年离港的商家纷纷回流，房产价格随即暴涨。李嘉诚趁机将廉价收购来的房产，高价抛售获利，并转购具有发展潜力的楼宇及地皮。70年代初，他已拥有楼宇面积共630万平方英尺。

20世纪70年代的香港，4大资本最雄厚的英资洋行怡和、太古、汇丰及和记，在许多大事业的生意中，威力只手遮天。李嘉诚决定运用长江实业雄厚资金，收购香港某些具有实力的上市公司，第一个目标便直指怡和集团的主要旗舰"九龙仓"。

1978年，李嘉诚又以出其不意的战术，收购另一个老牌英资公司青洲英泥，成为该公司董事局主席。不过，最令李嘉诚难忘的胜利，是成功地控制了老牌英资财团和记黄埔。

李嘉诚的长江实业，以6.93亿港元的资产，控制了价值超过50亿港元的老牌英资财团和记黄埔，实为"小蛇吞大象"的奇迹；而李嘉诚更因此成为入主英资财团的首位华人。

20世纪80年代以后，李嘉诚的版图又进行了一系列的扩张。除了房地产外，还经营航运服务、电力供应、货柜码头以及零售等，形成一个坚不可摧，在香港举足轻重的大型综合性财团。

1990年后，李嘉诚开始在英国发展电讯业，组建了Orange电讯公司，并在英国上市，总投资84亿港元。到2000年4月，他把持有的Orange四成多股份出售给德国电讯集团，作价1130亿港元，创下香港有史以来获利最高的交易记录。Orange是于1996年在英国上市的，换言之，李嘉诚用了短短3年时间，便获利逾千亿港元，使他的资产暴升一倍。

进入2000年，李嘉诚更以个人资产126亿美元（即983亿港元），二度登上世界10大富豪排行榜，也是第一位连续两年榜上有名的华人。李嘉诚并多次荣获世界各地颁发的杰出企业家荣誉，还5度获得国际级著名大学颁授的荣誉博士学位。

经过20多年的"开疆辟土"，李嘉诚已拥有4间蓝筹股公司，市值高达7810亿港元，包括长江实业、和记黄埔、香港电灯及长江基建，占恒生指数两成比重。集团旗下员工超过3.1万名，是香港第4大雇主。1999年的集团盈利高达1173亿港元。

李嘉诚晚上睡觉前一定要看半小时的新书，了解前沿思想理论和科学技术，据他自己称，除了小说，文、史、哲、科技、经济方面的书他都读。这其实是他几十年保持下来的一个习惯。

李嘉诚一生的创业过程，就是一个在动态（市场行情）中不断务实的过程，是实干的精神在推动其事业从一个成功迈向新的成功。没有务实的精神，面对种种危机的时候，很可能他就会动摇其初衷；没有实干的魄力，白手起家的奇迹很可能就与他无缘。

第四章　求真以自立　谦虚以自警

干事要实在，做人也要实在，实际上二者是紧密联系的。做人虚伪的人，往往认为干事业也可以投机取巧；做事不踏实的人，他们往往也把这一套用来对待身边的人们，他们经常说假话，吹嘘自己，弄得自己也不知道哪句是真哪句是假了。因此，无论待人还是处世，都要求我们充分发挥自己的正能量，以诚信立身，以诚信做事，才能收获更多。

曾有一位农民，他是一位慈父，为了深爱着的儿女，他辛勤劳作，经过多年的努力，成为富甲一方的庄园主。他的土地富饶肥沃，面积很大，边界是一处陡峭的悬崖，崖下是潺潺的河水。

一天，他把最小的儿子带在身边，到庄园里去查看。孩子才5岁，见什么都新奇，趁父亲不注意就溜到园子里，一个人玩开了。正午时分，他发现儿子丢了，四处寻不见，最后，在小河里发现了儿子的尸体。

遭遇如此不幸，他简直要发疯了。为了能够天天"看见"儿子，他在庄园里垒了一个小坟冢。每天黄昏，他都步行到陵墓前，伫立在风中忏悔，伤心欲绝。

这一年是公元1797年。

又过了好多年，他家道中落，不得不出卖自己的庄园。出于对儿子的爱，他对承买人提出了一个要求：我儿子的陵墓必须作为土地的一部分，永远不要毁掉。他将这一要求郑重地写进了契约。

墓草青了又黄，黄了又青。一年年过去，土地的主人换了一茬又一茬。在百年流转的过程中，孩子的名字都流失了。但是这个无名孩子的陵墓在一张又一张契约的保护下完好无损。

几十年后，这块风水宝地被政府圈定为格兰特将军的陵园。纽约市政府遵守关于墓地的契约，把这个无名孩子的陵墓保留下来。

格兰特将军就安葬在这个无名孩子墓的旁边。孤独百年的孩子，终于有了一个伟人做伴。格兰特将军是美国第18任总统，南北战争时期的北方军队统帅。这么一个英武的将军，改变历史的风云人物，死后竟与一个无名孩子毗邻而居，这不能不算是世界一大奇观。

1997年，即孩子死后的200周年，时任纽约市市长的朱利·安尼来到已是河滨公园一部分的格兰特将军陵园，隆重纪念格兰特将军逝世120周年。与此同时，朱利·安尼市长作为土地主人的代表亲自签约，承诺要让无名孩子的墓永远存续下去，并把这个故事刻在墓碑上，竖在无名孩子陵墓旁。如果孩子父亲在天有灵，知道契约流转百年依然不变样，一定会含笑九泉。

诚信如金。无疑，这个孩子和他的父亲是幸运的。诚实守信，对于整个人类来说，也是一种莫大的幸运。

什么是"诚"？诚，就是儒家为人之道的中心思想，我们立身处世，当以诚信为本。宋代理学家朱熹认为："诚者，真实无妄之谓。"他肯定"诚"是一种真实不欺的美德。要求人们修德做事，必须效法天道，做到真实可信。说真话，做实事，反对虚伪。

什么是"信"？《说文解字》认为"人言为信"，程颐认为："以实之谓信。"可见，"信"不仅要求人们说话诚实可靠，切忌大话、空话、假话，而且要求做事也要诚实可靠。而"信"的基本内涵也是信守诺言、言行一致、诚实不欺。

"诚"主要是从天道而言的，"信"主要是从人道而言的。故孟子曰："诚者，天之道也；思诚者，人之道也。"

诚信是一种人人应备的优良品格，一个人讲诚信，就代表了他是一个讲文明的人。讲诚信的人，处处受欢迎；不讲诚信的人，人

第四章　求真以自立　谦虚以自警

们会忽视他的存在；所以，我们每个人都要讲诚信。诚信是为人之道，是立身处事之本。

诚信是立人之本。子曰：人而无信，不知其可。认为人若不讲信用，在社会上就无立足之地，什么事情也做不成。

济阳有个商人过河时船沉了，他抓住一根大麻杆大声呼救。有个渔夫闻声而致。商人急忙喊："我是济阳最大的富翁，你若能救我，给你100两金子"。待被救上岸后，商人却翻脸不认账了。他只给了渔夫10两金子。渔夫责怪他不守信，出尔反尔。富翁说："你一个打渔的，一生都挣不了几个钱，突然得十两金子还不满足吗？"渔夫只得怏怏而去。不料，后来那富翁又一次在原地翻船了。有人欲救，而那个曾被他骗过的渔夫说："他就是那个说话不算数的人！"于是商人被淹死了。

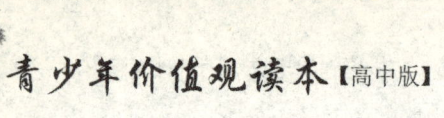

商人两次翻船而遇同一渔夫是偶然的,但商人的不得善报却是在意料之中的。因为一个人若不守信,便会失去别人对他的信任。所以,一旦他处于困境,便没有人再愿意出手相救。失信于人者,一旦遭难,只有坐以待毙。

诚信是齐家之道。唐代著名大臣魏徵说:"夫妇有恩矣,不诚则离。"推而广之,只要夫妻、父子和兄弟之间以诚相待,诚实守信,就能和睦相处,达到"家和万事兴"的目的。若家人彼此缺乏诚信、互不信任,家庭便会逐渐四分五裂。

诚信是交友之基。只有"与朋友交,言而有信",才能达到"朋友信之"、推心置腹、无私帮助的目的。否则,朋友之间充满虚伪、欺骗,就绝不会有真正的朋友。可见,朋友关系是建立在诚信的基础上的。

李苦禅是我国当代著名画家,他为人爽直,凡答应给人作画,从不食言。有一次,有位老朋友请他作一幅画,李苦禅因有事在身,未能及时完成。不久,当他接到老友病故的讣告后,面有愧色,即趋作画,画了幅"百莲图",并郑重其事题上老友的名字,盖上印章,随即携至后院,将画烧毁。事后,对儿子说:"今后再有老友要画,及时催我,不可失信啊!"

诚信是为政之法。《左传》云:信,国之宝也。它指出诚信是治国的根本法宝。孔子在"足食""足兵""民信"三者中,宁肯"去兵""去食",也要坚持保留"民信"。因为孔子认为"民无信不立",如果人民不信任统治者,国家朝政根本就立不住脚。因此,统治者必须"取信于民",正如王安石所言:自古驱民在信诚,一言为重百金轻。

第四章 求真以自立 谦虚以自警

春秋战国时，秦国的商鞅在秦孝公的支持下主持变法。当时处于战争频繁、人心惶惶之际，为了树立威信，推进改革，商鞅下令在都城南门外立一根三丈长的木头，并当众许下诺言：谁能把这根木头搬到北门，赏金十两。围观的人不相信如此轻而易举的事能得到如此高的赏赐，结果没人肯出手一试。于是，商鞅将赏金提高到五十金。重赏之下必有勇夫，终于有人站起将木头扛到了北门。商鞅立即赏了他五十金。商鞅这一举动，在百姓心中树立起了威信，而商鞅接下来的变法就很快在秦国推广开了。新法使秦国渐渐强盛，最终统一了中国。

而同样在商鞅"立木为信"的地方，比它早400年，却曾发生过一场令人啼笑皆非的"烽火戏诸侯"的闹剧。

周幽王有个宠妃叫褒姒，为博取她的一笑，周幽王下令在都城附近20多座烽火台上点起烽火——烽火是边关报警的信号，只有在外敌入侵需召诸侯来救援的时候才能点燃。结果诸侯们见到烽火，率领兵将们匆匆赶到，但弄明白这是君王为博妻一笑的花招后，又愤然离去。褒姒看到平日威仪赫赫的诸侯们手足无措的样子，终于开心一笑。五年后，犬戎大举攻周，幽王烽火再燃而诸侯未到——谁也不愿再上第二次当了。结果幽王被逼自刎而褒姒也被俘虏。

一个"立木取信"，一诺千金；一个帝王无信，戏玩"狼来了"的游戏。结果前者变法成功，国强势壮；后者自取其辱，身死国亡。可见，"信"对一个国家的兴衰存亡起着多么重要的作用。

诚信是经商之魂。在现代社会，商人在签订合约时，都会期望对方信守合约。诚信更是各种商业活动的最佳竞争手段，是市场经济的灵魂，是企业家的一张真正的金质名片。

清代乾隆年间，南昌城有一点心店主李沙庚，最初，以货真

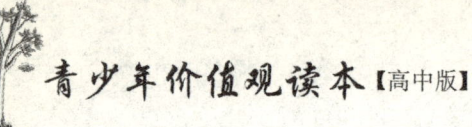

价实赢得顾客满门。但其赚钱后便掺杂使假,对顾客也怠慢起来,生意日渐冷落。一日,书画名家郑板桥来店进餐,李沙庚惊喜万分,恭请题写店名。郑板桥挥毫题定"李沙庚点心店"六字,墨宝苍劲有力,引来众人观看,但还是无人进餐。原来"心"字少写了一点,李沙庚请求补写一点。但郑板桥却说:"没有错啊,你以前生意兴隆,是因为有了这一点,而今生意清淡,正因为少了这一点。"李沙庚感悟,才知道经营人心的重要性。从此以后,店主经营人心,讲究诚信,痛改前非,又一次赢得了顾客,赢得了市场。

诚信是心灵良药。古语云:反身而诚,乐莫大焉。只有做到真诚无伪,才可使内心无愧,坦然宁静,给人带来最大的精神快乐,所以,诚信是人们安慰心灵的良药。人若不讲诚信,就会造成社会秩序混乱,彼此无信任感,后患无穷。

正如《吕氏春秋·贵信》篇所说,如果君臣不讲信用,则百姓诽谤朝廷、国家不得安宁;做官不讲信用,则少不怕长,贵贱相轻;赏罚无信,则人民轻易犯法,难以施令;交友不讲信用,则互相怨恨,不能相亲;百工无信,则手工产品质量粗糙,以次充好,丹漆染色也不正。可见,失信对社会的危害何等大啊!

综上而言,诚信对于自我修养、齐家、交友、营商乃至为政,都是一种不可缺少的美德,可见,诚信在人类社会中占有非常重要的地位。

第四章　求真以自立　谦虚以自警

第二节　预防骗术保安全

【价值观指引】

　　一个人最怕不老实，青年人最可贵的是老实作风。老实就是不自欺欺人，做到不欺骗人家容易，不欺骗自己最难。老实作风就是脚踏实地、不占便宜。世界上没有便宜的事，谁想占便宜谁就会吃亏。（徐特立）

　　生活是欺骗不了的，一个人要生活得光明磊落。（冯雪峰）

　　欺骗的友谊是痛苦的创伤，虚伪的同情是锋利的毒箭。（列宁）

　　你可以在某个时段欺骗所有人，你也可以长时期欺骗一部分人，但你绝对无法在所有时间里欺骗全体人，这就是历史。（林肯）

　　青年人应当不伤人，应当把个人所得的给予各人，应当避免虚伪与欺骗，应当显得恳挚悦人，这样学着去行正直。（夸美纽斯）

　　即使为了国王的宝座，也永远不要欺骗、违背真理。（贝多芬）

　　要是你做了狮子，狐狸会来欺骗你；要是你做了羔羊，狐狸会来吃了你；要是你做了狐狸，万一骗子向你告发，狮子会对你起疑心；要是你做了骗子，你的愚蠢将使你受苦，而且你也不免做豺狼

的一顿早餐……（莎士比亚）

　　欺骗，与求真是完全对立的。但当今社会上，确实不可避免地存在着不少欺骗的人和事，这给我们求真务实的思想和行为带来很大的冲击。那么，我们应该如何面对呢？答案是——对于欺骗者，我们唯有坚持自己求真的立场和态度，以法治、纪律和社会道德规范为武器，向它们施以无畏的揭发、打击和批判。但同时，我们又要掌握一些必要的识别骗术的知识，以准确辨认之，才能精准实施打击和防御。

第四章　求真以自立　谦虚以自警

1960年3月8日下午5点40分左右，中国人民银行接待了一位身着呢大衣、手提公文包的人。他自称是国务院办公厅的人，要给行长送急件。

中国人民银行的工作人员一看此人来头不小，手里拿着的国务院的信封上写着"速送（限下午五点四十分前送到）"和"中国人民银行行长亲启"的字样，不敢怠慢，立即将此信函转给了行长办公室。经办公室人员拆阅，见是周恩来总理亲自批示的公函。公函用钢笔写道——

主席办公室来电话告诉称，今晚九时西藏活佛举行讲经会，有中外记者参加，拍纪录影片。主席嘱拨一些款子做修缮寺庙用。这样可以表明我们对少数民族和宗教自由的政策。根据以上情况，拟拨给15～20万元，可否请批示。

公函左边有用毛笔写的批文：请人民银行立即拨给现款20万元。

下面有周总理的名字。同时又写道……

由于当时中国人民银行行长不在，时间紧迫，某局的负责同志在信函上就先做了批示："请会计发行局立即把款送去。"几分钟后，又接"总理办公室"的催办电话，中国人民银行于是立即按要求提出20万元现款，分装两个大袋子，在当晚七点半左右送到了民族饭店，并在民族饭店大厅里找到了那个自称"赵全一"的人。

"赵全一"交出了盖有"总理办公室介绍专用"章的介绍信，并写下了收条。人民银行送款人收下介绍信和收条后，就把20万元现金交给了"赵全一"。

在当时，20万元是一笔很大的款项。3月24日，中国人民银行打电话给总理办公室，就20万元现款如何下账进行请示。总理办公室的工作人员明确告知总理并没有批过这笔款项，中国人民银行方知

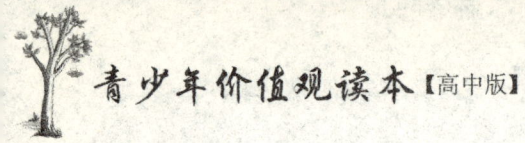

上当受骗,于是他们立即向公安部报案。

公安部高度重视,由部领导亲自挂帅,会同北京市公安局领导同志分析案情,部署了侦查工作,并连夜召集文检技术人员对案犯留下的公函、介绍信、收条进行初步检验。

与此同时,公安部决定发动"人民战争",通过广播、报纸等新闻媒体广泛发动群众,号召群众检举犯罪嫌疑人,提供破案的线索。

罪犯在哪里呢?罪犯是北京人还是外地人?因为没有更为直接的线索,以物定向、以物找人就成为侦破该案的重要途径。

办案人员就从信封、书写用的墨汁、盖印用的印油、公文的稿纸等方面进行了详细的鉴定,并开展了大规模的摸排工作。

……

摸底排查的范围大大缩小了。

4月2日夜,文检人员根据案犯的笔迹特征,在外贸部所属中国进出口公司的存档材料中,发现该公司科员王倬的笔迹可疑。审阅王倬人事档案发现,1950年和王倬一起离开部队的王××曾化名"赵全一"。此案是王倬还是曾化名"赵全一"的王××所为?

文检人员通过对王倬的笔迹进行鉴定,首先认定伪造公函、介绍信和收条上的笔迹均出自王倬之手。因案情重大,为防止意外和惊动可能存在的同案犯,办案人员对王倬进行秘密拘留并进行审问,但王倬拒不承认任何违法犯罪事实。

4月4日,公安部和北京市公安局文检专家正式出具了认定王倬作案的笔迹检验鉴定书,为确认案犯提供了有力证据。

同时,办案人员在王倬的单位搜寻作案工具时,发现了王倬作案用的钢板,上面的划痕是王倬在刻画"总理办公室介绍专用"印

第四章　求真以自立　谦虚以自警

文时形成的。并且，有人证明王倬在案发前几天曾借用过这块钢板。

同一天，办案人员在当事人家里地下挖出了十九万一千余元赃款。

面对铁一般的事实，王倬终于交代了自己的罪行……

王倬诈骗的20万元现款，一分钱也没敢花，自己还起早贪黑烧毁了八千余元……真是早知如此，何必当初啊！

可见，欺骗别人的案犯，他们内心里往往也是很虚的，无论他们策划得何等天衣无缝，但终究逃不过群众的眼睛，逃不了法律的严厉制裁。所以，我们要树立天网恢恢疏而不漏的信心，对任何案犯都不要心存畏惧，而要据理力争、保护自身合法权益。因为，罪犯就算一时逃避了法律的制裁，其贪心无限、虚伪的秉性未改，因此，他在不断作案的过程中，总有一天会落入法网。常言道，常在河边走，哪有不湿鞋。我们坚信，邪不压正是颠扑不破的真理。

【价值观实践】

"邪"不属于人类文化中的正常心态，它是建立在"贪欲"基础之上的。"邪"在人们生活中的一般表现是：投机取巧，不义之财，损人利己，欺上瞒下等。如果一个人在这些方面经常使用心计，就会养成一种不正常的"心理状态"，即"病态的处世方式"。

那么，我们在日常生活中要是碰到了形形色色的骗术，又该怎样防范呢？

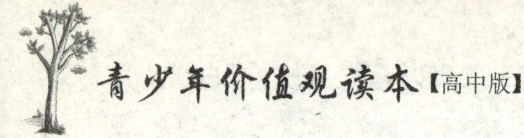

一是不要听信陌生人的花言巧语。

二是不要随意告知陌生人自己的银行卡号、姓名及个人情况。在一般情况下,最好不要把自己的通信工具给素不相识的人使用。不要随意告诉任何人(特别是素不相识的人)自己家中的电话号码、手机号码或联系方式。

三是不要轻易在网络上留下自己详细的联系方式和个人基本情况,以防被人窃取。

四是为取得你的信任,对方会提供一些伪造的证件(身份证、学生证等),我们应仔细辨别其真伪,防止受骗。

五是不要相信手机上发来的中奖短信,最好的办法就是不予理睬。

六是相信天上不会掉馅饼,拒绝上门推销。对上门推销的物品不要轻易购买,如签字笔、笔记本、相册、钢笔等文具,还有化妆品、洗发水、运动鞋,或是笔记本电脑等物品,极有可能以伪劣产品等方式进行诈骗。

七是防人之心不可无。你可以诚恳地对待你的网友,但需要保留一些戒备之心。网络也是现实世界的一个缩影。要注意在网上保护自己,可能会有网友冒充你的家人或朋友向你借钱行骗。

八是做兼职也要谨慎。学生做兼职要尽可能通过组织介绍到人才市场、大学生供需见面会上进行双向选择。对招聘兼职人员的单位要进行认真核实,特别是网络营销公司,大家不要轻率自找门路。

九是遇到自己判定不了的情况时,请及时与家长、老师或学校领导联系。

总之,我们要做实实在在的人,就必须与那些不实在的思想和行为做坚决的斗争。只有这样,才能为求真务实的思想做下精神铺

第四章　求真以自立　谦虚以自警

垫，才能为我们脚踏实地的办事作风做出合理的解释。这一正一反的两方面，我们在实际生活中要辩证地看待，因为二者是并行不悖的。

第三节 谦虚谨慎天地宽

【价值观指引】

知之为知之,不知为不知,是知也。(孔子)

谦虚对于优点犹如图画中的阴影,会使之更加有力,更加突出。(牛顿)

不满是向上的车轮。(鲁迅)

人生大病,只是一"傲"字。(王阳明)

而我国的一代大儒曾国藩认为,官宦之家,一是有权,二是有势,有权有势就少有顾忌,多有优越感,人一旦有了优越感,灾祸也就为期不远了。有了优越感,往往不大注意他人,不尊重他人。言谈举止中总有不可一世的感觉,时时处处都显示出高人一等的做派,久而久之,就有意或者无意地养成了一种傲气。

傲气太盛,说话太多,这两条是历代士大夫和近世官场导致灾祸的原因。

所以,曾国藩为人谦虚谨慎,为官多年,无论是对上属,还是对幕僚,他都谦虚待人,没有半点傲慢的样子。正是这种谦虚谨慎的美德,使曾国藩在官场上左右逢源,应对自如,从而使他总处于不败之地。

第四章 求真以自立 谦虚以自警

【价值观实践】

　　我们作为高中学生，从小就接受了有关谦虚方面的教育，难道现在我们还做得不够吗？是的，在某些方面我们做到了，但有些地方我们确实还做得不到位。比如，现在有的同学就说，这个社会是开放性的，如果我们要故作谦虚，本来自己行的都说成不行，那岂不是砸自己的锅啊。实际上，这是很多人对谦虚内涵的误解。谦虚首先要求大家要忌讳夸夸其谈、妄自尊大，然后要做到适度的谦逊和含蓄，而不要去张扬自己的价值。事实证明，这种含蓄中的底蕴，随着时间的推移，随着相互之间的交往越来越多，原来隐含的价值也就自然而然地流露出来了。有时是借别人之口说出来的，有时是由某些事物表现出来的。其宣传的效果会大大超过自我表白的价值。从历史上看，那些礼贤下士、虚怀若谷的志士，往往都能成就一番伟业；而那些不够谦逊谨慎、不可一世的人，往往被历史的车轮压得粉碎。

　　刘邦率兵驻扎高阳时，有一天，他传见郦食其。当郦食其急匆匆地来到刘邦的住所时，刘邦正惬意地靠床坐着，由两个侍女给他洗脚。郦食其见刘邦对自己这样轻慢，心里很不高兴，只微微拱手为礼，并不下跪，说："大王，你是想帮助秦国进攻诸侯呢，还是想率领诸侯攻打秦国？"刘邦见郦食其不但不行大礼，还提出这样的问题，不禁大怒。郦食其正色说道："大王既然决心聚合人马，联合义军讨伐强秦，就不应该如此轻慢长者。"刘邦听郦食其这样一说，心中一震，感到自己确实不应该这样接见贤者。于是，急忙揩脚穿鞋，正衣整冠，从床上起来，屏退侍女，恭恭敬敬地请郦食其上坐，感谢他的提醒。

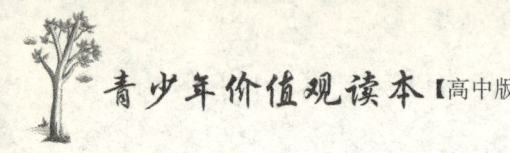

刘邦能改正自己的错误，这本身就是一种谦虚。刘邦这种谦虚的品德，不但赢得了郦食其的尊重，而且赢得了许多人的称赞。因此，在他周围聚集了大批的人才，如张良、萧何、韩信等。正是在这些人的邦助下，刘邦才得以成就了帝业。

第四章 求真以自立 谦虚以自警

反观项羽,尽管有"力拔山兮气盖世"的英雄气概,势力也远远大于刘邦,但他"自矜功伐,奋其私智而不师古"(《史记·项羽本纪》),骄傲自大,刚愎自用,事事但凭一己之勇,不肯听从部下的意见,以致许多有才能的人如陈平、韩信、英布等,都离楚归汉,甚至连他唯一的谋臣范增也被逼走,最终只落得个四面楚歌,兵败垓下,自刎而死,连尸首也被人分成五份用以邀功的悲惨结局。

从政的人如此,学艺的人也不例外。无论是我们今天身边的人和事,还是历史上的很多关于谦虚地做人做事的案例,都足以让我们对"谦虚"二字肃然起敬。

柳公权是唐代著名的书法家。他在少年时候,就写得一手好字,常常博得师长的夸赞和朋友的羡慕,因此他不免骄傲起来。有一天,柳公权和几个伙伴在路边的亭子里练习书法。伙伴们围着柳公权,一边看他写字,一边大声地称赞着。柳公权心里得意极了,他对伙伴们说道:"这算什么,等过几年,我的书法一定天下第一。"

这时,一位老者从这里经过,听到柳公权的话,就走过来看看他写的字,皱皱眉头,说:"这字写得并不好,软塌塌的,没筋没骨的,还值得在人前夸耀吗?据我所知,有人用脚写的字都比这好哦。"

柳公权一听,小脸涨得通红:"不可能,不会有人比我写得更好了,更何况是用脚!"

老人爽朗地笑了笑,说:"不信,你就到华京城去看看吧。"

第二天,柳公权一大早就出发,独自去了华京城。一进华京城,他就看见一棵大槐树下围了许多人。他挤进人群,只见一个没

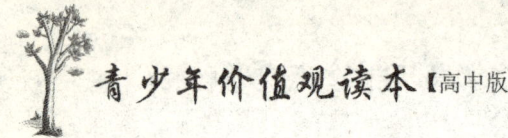

有双臂的黑瘦老头儿背靠槐树,赤着双脚,坐在地上,左脚压纸,右脚夹笔,正在挥洒自如地写字,笔下的字龙飞凤舞,每一笔都是那么刚劲有力,博得围观的人阵阵喝彩。

自己的字和这位老人用脚写的字比起来果然是不值一提,柳公权心中深感惭愧。他马上走到老人面前,"扑通"一声跪下,说:"我愿意拜您为师,请您告诉我写字的秘诀……"

老人慌忙放下脚中的笔,对柳公权说:"我是个孤苦的人,生来没手,只得靠脚混生活,怎么能为人师表呢?"小公权苦苦哀求,老人才在地上铺了一张纸,用右脚写下几个字:"写尽八缸水,砚染涝池黑;博取百家长,始得龙凤飞。"

柳公权把老人的话牢记在心,从此发奋练字,手上磨起了厚厚的茧子,衣肘补了一层又一层。经过苦练,柳公权终于成为著名的书法家。

真是山外有青山,人外有高人啊。所以,我们做人务必要谦虚一些,给自己留有余地,一旦处境对自己不利时,才有回旋的余地。这也提醒我们,平时多谨慎一些为好。

对于谨小慎微,我们并不陌生,说的意思是,我们必须注意小小的细节,哪怕是不起眼的一些事物,它们往往会生成严重的结果,或者产生极大的影响。当今我们处于电子化、微型化时代,对于"微"字理解就更为深刻了。比如,我们看不见电子信息的路径在哪里,但它毕竟能够承载那么多的信息量,能够方便我们的工作和生活,电子邮件、微信以及微博信息等,让我们对这些微型的精灵不得不刮目相看。老子曰:天下大事必作于细,天下难事必作于易。看来,对"谨慎"一词,我们一定要倍加谨慎啊。

第四章　求真以自立　谦虚以自警

唐宪宗即位之初，采取了强有力的平藩政策，意在重振政府的权威。可就在宪宗谋划中兴大业之际，内廷中的隐患已慢慢显露出来。

唐宪宗时期，宦官专权已严重威胁到皇帝的统治地位。宦官作为内廷之人如欲干政，必须与外朝官员相互勾结，方能成事。唐宪宗时的枢密使刘光琦是当时势力较大的宦官，为了达到个人目的，极力拉拢外朝官员，时任中书省主书的滑涣就是刘光琦拉拢的对象之一。

按理说，主书只是个七品小官，刘光琦因何自掉身价，主动接近他呢？原来，唐代的主书是中书省负责管理公文的官员，官阶虽低却身处要职。滑涣长期担任主书一职，对各种公文了如指掌。由于职位特殊，滑涣还有机会参加宰相会议，能够听到一些涉及国家机密的事项。刘光琦正是看中了滑涣的职务才有意拉拢他，使其成为自己安插在外朝的"顺风耳"。

刘光琦交给滑涣的任务主要是窃取中书机密。滑涣本人也是一个"泄密高手"。每次宰相会议，如果达成的共识与刘光琦的看法存在分歧，滑涣便会主动向刘光琦汇报，使外朝的一举一动牢牢地掌控在刘光琦等宦官手中。

按照规定，皇帝的诏令要经宦官传达至中书省，再由中书舍人具体负责草拟诏书。然而，由于刘光琦和滑涣朋比为奸，皇帝的诏令往往不经中书舍人这一环节，直接由滑涣本人草拟颁发。有时竟然出现了诏令已经发出，宰相们却还蒙在鼓里的现象。滑涣也倚仗宦官威势，肆无忌惮，贿赂公行，气焰熏天。然而，一时的显赫并没有给滑涣这个善于钻营、肆意专权的中书小吏带来长久的富贵。后来，滑涣遭到中书舍人李吉甫弹劾，最终落得个自尽身亡的下场。

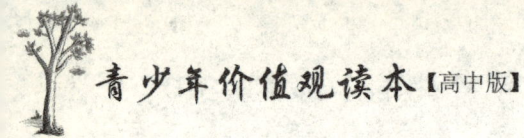

所以，做人处事都要谨慎行事，因为很多信息事关重大，一着不慎，往往会满盘皆输。作为高中生来说，也要谨慎行事，比如，某些选择题就是考验考生是否具备仔细观察的能力，几个答案都貌似正确，却暗藏玄机，这时我们就必须小心谨慎了。又比如，我们交际活动中也得谨慎，有时我们自己了解的关于朋友的私事，若不注意保密，或无意泄露，就会给别人造成很大的麻烦，轻则伤了朋友间的和气，重则遭受毁灭性的打击。大家不可不慎重啊。

第五章 勤劳创财富 勤俭利家国

　　勤劳与勤俭,自古以来就是积累财富、兴家立业的法宝。无论是在中国还是在外国。

　　据国际儿童机构的统计,世界各国儿童中,以美国儿童干家务活最多,时间也最长,平均每天1.2小时以上,父母亲们从小培养孩子勤劳和节俭的意识和品行,培养孩子独立、自强的能力。在日本中小学道德教育的目标和课程中,很重视"勤劳与奉献,热爱家庭,孝敬父母,爱国心和园林艺术"等方面的教育。

　　在韩国的学校中,很重视对学生进行热爱农民、珍惜粮食的教育,常见竖着汉字条幅"农者天下之大本"。在德国的法律中,明文规定了不同年龄的孩子,应当在家帮助父母亲完成什么样的家务活;最近,在德国又掀起了一个新的旅游热点——参观工厂,家长们在带孩子外出旅游时,喜欢同孩子一道到工厂去,了解生产的过程,资源的开发与节约,特别是了解生活用品是怎样生产出来的,既能让孩子开阔视野,又培养劳动生产、勤俭节约的意识和品德。在泰国、马来西亚等国家,华人们继承了祖先的勤劳致富、节俭持家的好传统,在当地成了富民,但是,他们仍坚持"子女不沾父母光"的教育,教育孩子靠自己的勤劳和智慧来致富。

　　这些国家为什么从小就要培养孩子勤劳勤俭的品行呢?作为高中生,对我们又有何启示呢?

第一节 业精于勤荒于嬉

【价值观指引】

辛勤劳动的人,双手是万物的父亲。(维吾尔族谚语)

社会主义制度的建立给我们开辟了一条到达理想境界的道路,而理想境界的实现还要靠我们的辛勤劳动。(毛泽东)

伟大的成绩和辛勤劳动是成正比例的,有一分劳动就有一分收获,日积月累,从少到多,奇迹就可以创造出来。(鲁迅)

我觉得人生在世,只有勤劳、发奋图强,用自己的双手创造财富,为人类的解放事业——共产主义贡献自己的一切,这才是最幸福的。(雷锋)

劳动一日,可得一夜的安眠;勤劳一生,可得幸福的长眠。(达·芬奇)

"明天",是勤劳的最危险的敌人。(苏霍姆林斯基)

世间没有一种具有真正价值的东西,可以不经过艰苦辛勤劳动而能够得到。(爱迪生)

"业精于勤而荒于嬉"是中国唐代著名的文学家、哲学家韩愈所著的《劝学》中的一句名言,后人经常引用这句话来奉劝人们在

第五章　勤劳创财富　勤俭利家国

学习中要勤奋，只有勤奋学习才能精于学业，反之，贪玩懒惰则会荒废学业。同样，这句话也非常适用于工作中。面对工作，应该像面对学习一样，只有勤奋努力才能更好地完成任务，懒惰只会让工作毁于一旦。

【价值观实践】

无论我们在什么行业，从事什么工作，都只有兢兢业业、尽职尽责地苦干，才能使自己在行业中出类拔萃。

在港台的亿万富翁中，霍英东的知名度可以说是相当高的。这不仅因为他个人资产巨大，在1993年又当选为全国政协副主席，而且，霍英东的出身，也许要算亿万富翁中最苦的一个！

霍英东的父母靠着一只小驳船，在香港做驳运生意，也就是从无法靠岸的大货轮上，将货卸到自己的驳船，再运到岸边码头。霍英东7岁那年，在一次风灾中，他的父亲因为翻船而被淹死了。

仅仅过了50多天，霍家的小船又一次翻在大海里，两个哥哥葬身鱼腹，连尸体都没有找回来！母亲死命抱住一块船板，侥幸被过路的渔船救下一条命。当时霍英东因为在海边找野蚝，不在船上，才躲过了这场灾难。

霍英东找到的第一份工作，是在一艘旧式的渡轮上当加煤工。可是他的身体实在太单薄了，顾得上铲煤就顾不上开炉门，刚上岗就被辞退了。那几年中，霍英东简直像俗话说的"倒霉人喝水都牙痛"。不过，早年的艰辛和挫折，并没有打垮霍英东，他在不断的失败中，取得了经验，积蓄起力量，等待着机会，他坚信自己总有崛起的一天！

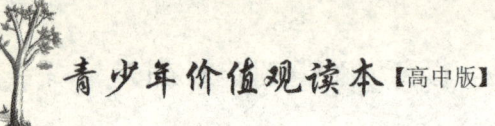

　　第二次世界大战结束后，霍英东终于以敏锐的眼光，捕捉到了一个获取财富的机会。日本侵略军投降后，留下了很多机器设备，价钱很便宜，但稍加修理就可以用，也可以卖出不错的价格。霍英东很想做这种生意，于是他成了个读报迷，专门注意报纸上拍卖日军剩余物资的消息，及时赶到现场，以内行的目光挑选出那些有价值的东西，大批买进，迅速修好后卖出。

　　由于缺少资金，他难以放手大干。有一次，他看准一批机器，并且在竞买中以1.8万港元中标。后来有个工厂老板看中了这批货，出4万港元从他手中买下，霍英东净赚了2.2万港元，这是他在那几年中赚到的最大一笔钱了，为他积累了最初的资本。

　　抗美援朝战争结束后，霍英东就预料到香港航运事业的繁荣，必然会带来金融贸易的发展，而这又将促进商业及住宅楼的开发。于是他抢先把经营重点转向了房地产开发。1954年12月，霍英东拿出自己的120万港元，另向银行贷款160万港元，在香港铜锣湾买下了他的第一幢大厦，并创办了"立信建筑置业有限公司"。开始，他也和别人一样，自己花钱买旧楼，拆了后建成新楼逐层出售。这样当然可以稳妥地赚钱，可是由于资金少，发展就比较慢。

　　一个偶然的事件，令霍英东得到了启发，他决定以采取房产预售的方法，利用想购房者的定金来盖新房！这一创举使霍英东的房地产生意顿时大大兴隆起来，一举打破了香港房地产生意的最高纪录。霍英东靠从小的勤奋努力，一步步艰苦创业，从不懈怠，才有日后的成功。今天有人把霍英东称为香港的"土地爷"！

　　看看，土地爷是怎么造就的？难道他的祖上给他留下了太多遗产吗？难道他靠的是别人的施舍吗？非也。霍英东靠的是一步一个

第五章　勤劳创财富　勤俭利家国

脚印的艰难打拼而走向辉煌的，是化腐朽为神奇的香港创业家。所以，业精于勤荒于嬉，绝不是一句空话。

"马杜罗，你跟我出来一下。"

自习课上，当同学们聚精会神地写作业时，马杜罗却趴在课桌上打瞌睡。他跟在迈克老师后面，无精打采地走出了教室。

"你相信石头会开花吗？"老师的手掌里，躺着一枚光滑的鹅卵石。马杜罗不肯开口说话，只摇了摇头。两年前，因为一次偶然的患病，他落下了口吃的毛病；因为担心被别人嘲笑，因此他变得自卑，很少说话，学习成绩也一落千丈。

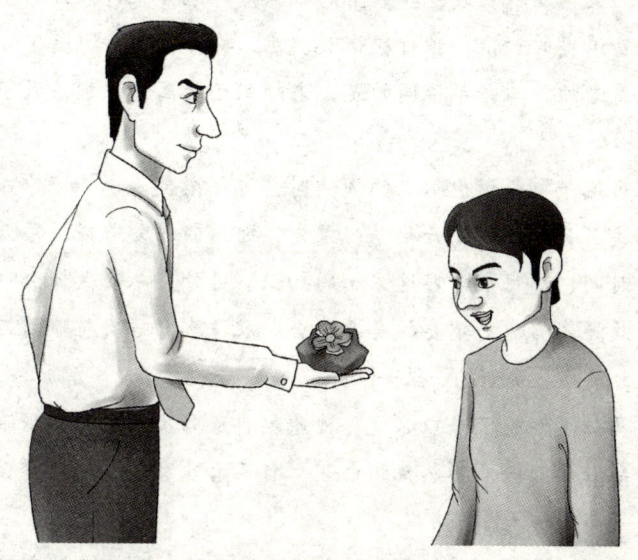

老师让马杜罗坐下来，拿出一把小巧的工具刀，埋头开始雕刻。很快，石头的上面，一朵小花栩栩如生。"你看，石头其实是可以开花的，只不过需要你转变一下思路而已。"老师又说："我知道你一直喜欢看书，好故事应该与大家一起分享。周末的班会

上,我希望能听到你的声音……"

马杜罗告别老师时,心情很复杂。回到家里,他开始认真练习,对着镜子纠正自己的发音,一遍、两遍……周末那天,因为口吃总是躲在角落里的马杜罗,居然主动站到讲台上。虽然他紧张得大汗淋漓,说话也不是特别流畅,大家却送给了他最热烈的掌声。

多年以后,大学毕业的马杜罗,早已改掉了口吃的毛病,成长为俊朗的小伙子。酷爱看书的他,梦想成为一名职业作家,整天躲在租来的房子里写文章。不料,所有投出去的稿子,或者毫无音讯,或者收到退信,从来没有一篇能够发表。

那天,马杜罗发现口袋里的钱只能再勉强维持几天的生活了。他怀着沮丧的心情,独自在街头漫步,竟然在街头邂逅了多年不见的迈克老师。与当年不同的是,老师早已经离开课堂,成了一位著名的雕刻家。

当他一口气说出心中的烦恼时,老师微笑着说:"你知道我手里那块石头为什么能开花吗?首先,因为我酷爱雕刻,每天所有的业余时间,都用来学习这方面的知识。另外,不管做什么事情,仅有喜欢还不够,更重要的是要适合。就像我,每次将雕刻刀握在手中时,灵感总是如约而至……"

马杜罗倒吸了一口凉气,他想起自己每次写字时的艰难,那种搜肠刮肚的痛苦,忽然就明白了,自己喜欢文字,却只适合当一名读者,而不是一位作者。

不久,马杜罗就按照街头的广告,跑去一家广告公司应聘。一年后,他又成为一名公交车司机。为人谦虚、热情大方的他,受到同事们的尊敬,他当选为行业工会领袖。于是,在工作之余,他又多了一项任务,那就是为争取普通工人的权益而奔波。从此,他慢

第五章 勤劳创财富 勤俭利家国

慢步入了政坛,开始了不一样的人生旅程。

2013年4月4日,尼古拉斯·马杜罗赢得大选,成为总统!这个消息,像长了翅膀一样,迅速传遍了委内瑞拉的每个角落。几乎所有熟悉马杜罗的人,都不敢相信自己的耳朵:他真的是当年那个口吃的马杜罗吗?会不会搞错?

记者们蜂拥而至,面对他们连珠炮般的提问,马杜罗从容地反问:"你们相信石头会开花吗?我信。"说着,他微笑着伸出手来,掌心里躺着的,正是迈克老师当年赠送给他的那块鹅卵石,隔了这么长的光阴,刻在上面的花朵,依然那么栩栩如生,一如年少时的梦想,从来不曾凋零。

勤劳也好,勤奋也罢,从来都是创造财富、成就辉煌的敲门砖。我们青年学生,处于人生的黄金时期,决不可把"勤"字当做耳边风。我们要在钻研学习的过程中孜孜不倦、仰之弥高,我们要在人生的道路上精益求精、爱我所爱,我们要在社会的大舞台上兢兢业业、学无止境。须知,勤能补拙,勤就是把梦想变成现实的魔法。

第二节 勤俭节约是美德

【价值观指引】

《朱子家训》有言：一粥一饭，当思来之不易；半丝半缕，恒念物力维艰。这句话的意思是，对于一顿粥或一顿饭，我们应当想着它来之不易；对于衣服的半根丝或半条线，我们也要常念着这些物资的产生是很艰难的。

建国初期，有一首歌唱得好："勤俭是咱们的传家宝，社会主义离不了。不管是一寸钢、一粒米、一尺布、一分钱，咱们都要用得巧。好钢用在刀刃上，千日打柴不能一日烧"。当时，国人都把勤俭节约作为做人和干事业的行为准则。

建国初期，毛主席厉行节俭，他在接待外宾之后，散步时说，接待工作有两大浪费：一是礼仪繁多，搞一些不必要的形式主义，浪费了大家很多时间，要知道，时间浪费了是不能挽回的，是用金钱也买不到的，这一定要改进！其二是接待宴会，大讲排场，吃掉的还没有扔掉的多，白白浪费了国家的金钱和物资。要知道，这些都是人民的血汗！你们可知道种一株稻子要经过多少时间才能结稻谷，几株稻子才能做一碗米饭？种一棵麦子要经过多少时间才能长

第五章　勤劳创财富　勤俭利家国

出麦穗,几棵麦子才能做一个馒头?有谁算过这笔账?古人说:"锄禾日当午,汗滴禾下土。谁知盘中餐,粒粒皆辛苦?"古人都有这样的感慨嘛!毛泽东语重心长地说,我们刚建立了自己的国家,不能忘本!国家正在起步时期,要节约国家的资财,人力物力都不能浪费!他非常严肃地说:"勤俭节约和反对浪费是我们党的一贯方针和优良传统,什么时候都不能改变!"

　　1958年,毛泽东身边有个同志参加了干部下放劳动锻炼,到农村和农民同吃同住同劳动,深受教育。回来以后,看到食堂里有的人把吃剩的饭菜全扔了,觉得很是可惜。有一次在同毛泽东散步时,说到自己下放锻炼的收获和对食堂有人扔掉饭菜的感慨。毛泽东说,一粥一饭当思来之不易!我们的国家是一个大国,如果一个人一天浪费一粒米,一年就要浪费掉365粒米,这样全国6亿人口一年浪费掉的粮食积累起来,就能够救助一方灾民;如果6亿人民每人每天能够再节约一粒米,其数量不是就更可观了吗!实行增产节约,反对浪费,能够使我们的国家富强了再富强,使人民的生活提高了再提高,何乐而不为!毛泽东管理着国家大事,但从他生活的细微之处可以见到他的勤俭精神。毛泽东吃饭时,掉在饭桌上的一粒米、一根菜,他都要捡起来吃掉,他的饭碗里从来没有剩下过一粒米。他要求自己的孩子们不能在他的灶上吃饭,要和工作人员一起到大灶上去吃饭,孩子们外出不准用他的汽车,也不准用公家的汽车,不管风里雨里都是骑自行车。

　　毛泽东的大儿子毛岸英,刚结婚不久,就参加了抗美援朝作战,不幸壮烈牺牲。毛泽东十分难过,但不露声色。后来,为了儿媳刘思齐寄托对岸英的思念,他让刘思齐和她的妹妹到朝鲜去给岸英扫墓。按照毛主席的嘱咐,行动必须保密,避免给朝鲜的领导和有关部门增加麻烦,这次的一切生活费用完全由毛泽东自己负担,用他的稿费开支。

然而随着我国国力的增强和生活的改善,有些人把勤俭节约的优良传统丢了。君不见,当前社会上超越现实、盲目攀比的畸形消费;斗富摆阔、一掷千金的奢靡消费;过度包装、极度美化的蓄意浪费;"长明灯""长流水"的随意浪费等现象比比皆是、不胜枚举。在这些不良现象中,"大款""公款"充当了主要角色。这种社会现象已经引起社会的广泛关注,并得到党和国家的高度重视。

党中央及时提出"建设节约型社会"的战略决策,并把加快建设节约型社会,提到"事关现代化建设进程和国家安全,事关人民群众福祉和根本利益,事关中华民族生存和长远发展"的高度,并在全国范围内大张旗鼓、深入持久地开展节约活动,加快建设节约型社会。

勤俭节约的美德如甘霖,能让贫穷的土地开出富裕的花;勤俭节约的美德似雨露,能让富有的土地结下智慧的果。在建设节约型社会中,我们要牢固树立"浪费也是腐败"的节约意识,克服"花公家钱不心疼"的不良心态,形成"铺张浪费可耻,勤俭节约光荣"的良好氛围,使勤俭节约成为一种时尚、一种习惯、一种精神。

【价值观实践】

请看邻国日本是如何崇尚节约的。不管我们两国之间有什么样的恩恩怨怨,但节俭作为一种美德,甚至是经营之道,它是超越国界的、超越阶级的。

第五章　勤劳创财富 勤俭利家国

认清国情是促使日本人节约的根源

　　日本人的节约，首先是在清醒认识自身资源不足的基础上，树立的一种忧患意识。日本人节约是因为他们从小就清楚日本的资源极度缺乏。由于日本是岛国，无论多么缺少物资，都很难依赖其他地区，因此节约成了日本民族的传统。

　　20世纪石油危机后，日本政府高度重视产业结构的"轻量化"，设立了与能源相关的政策审议会，制定相应政策和法规，并以税收、财政、金融等手段，引导和规范全社会的节能活动。日本民间也大力开展节省能源、提高能效运动，开发节能技术和产品。

家长教师言传身教培养下一代的节约习惯

　　除了对国情的清醒认识外，多数日本人认为自己的节约习惯来自教育。来自横滨的公务员山内先生和在东京读研究生的宫本大辅先生，都出身于富裕家庭。他们说，从不剩饭的习惯是从小就养成的。小时候，每当他们吃不完自己盘子里的饭时，父母会呵斥说，剩饭会遭报应的。到别人家做客时，更是必须吃完主人准备的所有食物，如果盘子里剩有东西，就非常失礼，这样的人和他的家庭会被人看不起。

　　穿二手衣、用二手货在日本非常普遍，有位中国记者刚刚到日本的时候，一些好心的日本人曾送来很多旧衣物、旧碗碟等生活用品，当时记者有些生气，莫非他们看不起中国人？后来记者才明白原因。由于日本人不忌讳穿用二手货，因此跳蚤市场十分发达。不久前，位于东京的祖师谷留学生会馆开了一个跳蚤市场，周围的居民送来的物品中，有些甚至是20世纪70年代的制品。记者问卖主为什么不把这些东西扔了时，很多人都回答："还能用，扔了太可惜了。"跳蚤市场快结束时,记者看见,真有不少"老掉牙的东西"被卖了或送了出去。

媒体"抠门比赛"让节约在潜移默化中深入人心

在东京工作的谢美津子小姐认为,虽然有教育的影响,但她有意识地进行节约,这主要是在看到相关电视节目后养成的。她说,她从未经历过贫困,当了解到许多国家的民众还生活在缺水、缺粮、缺电的极度贫困状况时,她才开始认识到应该尽量节约资源。

由于日本人喜欢节约,各媒体经常举办一些以节约为主题的节目。这些节目并不是对受众进行简单的说教,而通常是寓教于乐,"看明星如何用1万日元过1个月"就是这样的节目。许多电视台还乐此不疲地每年举办各种"抠门大赛",吸引普通观众参加。被日本媒体称为"吝惜道祖师"的小幡玻矢子,就是从这样的比赛中脱颖而出,成为日本的节约明星的。她有名的节约之道包括:肥皂寿命延长术(用比肥皂小的肥皂盒,或让肥皂斜立在肥皂盒里,不用肥皂时尽量避免让它淋水,这样能延长肥皂一倍寿命)、不伤玉手的超级洗洁剂(米糠洗洁剂)、自制芳香剂(冲泡过的咖啡渣)等。

这样的节目,人气非常高,带动很多日本人发明新的节约办法。有人发明了新型煮蛋法:用一个长宽高各4厘米的特制容器,放进鸡蛋,加水50毫升,加热后1分钟把水煮开,再煮3分钟后熄火,然后利用余热3分

第五章　勤劳创财富　勤俭利家国

钟把鸡蛋煮熟,整个过程仅耗时7分钟。而普通人一般是用一大锅水烧10分钟,一直将鸡蛋煮熟为止。两相比较,前者节水4/5,节省燃料近2/3,效率却提高近1倍。

政府和企业高层在节约活动中起着表率作用

除了公民的节约意识和家庭学校的节约教育外,日本节约的重点是政府和企业,毕竟政府和企业耗费的各种资源占了全国的大部分。

要想老百姓树立节约意识,政府官员的表率作用最有说服力,也是最生动的教育课。对老百姓空喊一万遍节约口号,远不如官员一次身体力行的节约行为有影响力。

日本的企业更是将节约作为整个企业的核心竞争力。日本汽车之所以能在美国市场打败美国汽车,主要靠节油这一招。松下电器公司国际事业部的清治一久先生告诉记者,日本的节约重点正在向更高的层次发展,主要是通过开发新技术、新材料,向降低资源能源消耗,提高资源的循环使用率方面转变。在日本的电器商店,每一种产品的标签上不仅要标出该产品的耗电量,而且还要标明每年节约电费的钱数,让消费者可以清楚地知道能省多少。

可见,节约行动不仅是为了保护环境,不仅是出于对个人健康的考虑,更是从国计民生,从世界资源的有限性,从勤俭持家的角度来考量的。勤俭持家,不论你是生在富家还是穷家,都是对家庭正能量的积极弘扬;无论你生在穷国还是富国,都是对国家民族所做的一份积极贡献。

第三节　新时代的财富观

【价值观指引】

　　《朱子家训》有言：与肩挑贸易，毋占便宜；见穷苦亲邻，须加温恤。其意思是说，和做小生意的挑贩们交易，不要占他们的便宜；看到穷苦的亲戚或邻居，要关心他们，并且要对他们有金钱或其他援助。

　　刻薄成家，理无久享；伦常乖舛，立见消亡。其意思是说，对人刻薄而发家的，绝没有长久享受的道理；行事违背伦常的人，很快就会消灭。

　　从财富的身世来看——财字从"贝"，贝也就是钱的原始形态，因此财富首先着眼的就是金钱的积累。其实，将财富与金钱划等号，只是货币高度发达时代的产物，在人类文明历史初期，作为财富最主要形态的还是实物。随着生产力的日益发展，社会生产的复杂化，货币关系成为重要的社会关系之后，财富的货币积累风潮才开始流行起来。继而，财富的积累带来了资本的膨胀，直接推动了整个社会的变革。

　　但是，积累财富如果只是积累金钱，那只是积累了一堆数字。

第五章　勤劳创财富 勤俭利家国

进入现代工业社会，我们对财富的理解也随之深化与复杂化，人们不再抱着一堆数字不放，通货膨胀这只怪兽（以及各类风险）随时会吞噬你的财富。守财奴已经没有太大的操作空间，无数的投资人和金融家告诉我们：财富是可以增值的。财富的外延随之扩展，不动产、股票、期货、保险、商标、声誉，甚至经济学经常强调的各类"机会成本"，都成为我们财富的一部分。

【价值观实践】

作为青年学生，面对当代社会财富的滚滚潮流，生活中少数人忙于敛财，而不承担社会责任；个别人损人利己，为富不仁。这些行为污染了社会风气，扭曲了人生价值。对此，我们必须树立科学的财富观。

（1）不藏富。"财不外露"的说法也不完全对，实际上，把积累用于扩大再生产，尽心回报社会，是值得提倡的。

高中生谈不上财务独立，也没有稳定的收入来源，主要的资金需求就是满足自己的生活需要。因此，从这个角度来讲，若是同学们有一点闲钱，也可以适当考虑合理支配的问题，但一定要量力而行。遵循的原则应为勤俭节约、稳健理财。在支出方面要进行严格管理，不与人攀比，不爱慕虚荣，要形成节俭的宝贵品质，同时也能够更有效地积累自己的财富。大家一定要理性理财，不要盲目跟风。

（2）不炫富。生活极尽奢华、比阔斗富、骄奢淫逸与"以艰苦奋斗为荣"是背道而驰的。

不要以为富豪的儿子就可以做温室里的花朵，享受荣华富贵，

青少年价值观读本【高中版】

李嘉诚虽然富有却从来都不娇惯儿子,他坚信,教孩子学会自立自强,学会做人处世,比给他金山银山要强百倍,所以,他的两个儿子从小就被要求克勤克俭,不求奢华。

他们小的时候,李嘉诚很少让他们坐私家车,却常常带他们坐电车、巴士。有一次,李嘉诚看到在路边摆报摊的小女孩,边卖报纸边捧着课本学习,就特意带两个儿子经过这个报摊,让他们学习小女孩认真学习的态度。李家兄弟在香港圣保罗男女小学上学,在这所顶级名校里,许多孩子都是车接车送,满身名牌,可他们却经常和爸爸一起挤电车上下学。以致两个孩子经常闷闷不乐地向父亲发问:"为什么别的同学都有私家车专程接送,而您却不让家里的司机接送我们呢?"每次听到兄弟俩的质疑,李嘉诚都会笑着解释:"在电车、巴士上,你们能见到不同职业、不同阶层的人,能够看到最平凡的生活、最普通的人。李嘉诚常常教育两个儿子,要想成功,在其他所有基础条件齐备的时候,就必须要注意考虑对方的利益,不要占任何人的便宜。"于是,两个孩子和普通家庭的孩子一样,在拥挤的电车里一天天长大。和学校里那些大手大脚花钱的同学们相比,李泽钜和李泽楷甚至怀疑自己的父亲是不是真的像大家说的那样富有。因为"小气爸爸"不仅很少给他们零花钱,而且常常鼓励李泽钜和李泽楷勤工俭学,自己挣零用钱。所以李泽钜和李泽楷在很小的时候就开始做杂工、侍应生。李泽楷每个星期日都到高尔夫球场做球童,看着小小的儿子背着大大的皮袋跑来跑去,李嘉诚甚是开心。

当李泽楷告诉他,把挣来的钱拿去资助了有困难的孩子时,他更是笑逐颜开。懂得了勤劳和独立、懂得助人即是助己的儿子,才是他想要的好儿子。他开心地对妻子庄月明说:"月明,好!孩

第五章 勤劳创财富 勤俭利家国

子像这样发展下去，将来准有出息。"李嘉诚不只是单纯在思想上为孩子树立勤俭节约的美德，还言传身教，在严格要求儿子们的同时，也时时刻刻严格要求自己。虽然在对社会捐赠方面他始终都是大手笔，但在他的日常生活中，却是十分平淡、克勤克俭、不求奢华。

直到现在，他戴的只是廉价的只值二十六美元的日本手表，穿的仍旧是十年前的西装，居住的是三十年前的房子。李嘉诚说："如今我赚钱不是为了我自己，我已不再需要更多钱。"这些话与行为，深深地刻在了李泽钜和李泽楷的心中。

（3）不仇富。凭自己的劳动、才智和能力，正当地获得财富、理性地使用财富，是阳光的、值得尊重的。

"仇富"事实上是在追求一种终点平等，终点平等和起点平等完全可以产生与之相对应的两种截然对立的心态。终点平等产生的心态是嫉妒，建立在嫉妒之上的行为方式，经常是把别人拉得不如自己，并由此导致整个社会的蛋糕难以做大。起点平等所产生的心态是羡慕，建立在羡慕基础上的行为方式，是决心比别人干得更好，并由此使整个社会的蛋糕做得更大。总之，一种心态使社会富裕，另一种心态使社会贫穷。

（4）不崇富。财富的最高境界是创造，人的尊严寓于劳动之中。财富本身没好坏，我们不藐视财富，但要防止贪婪。

有一群猴子喜欢偷吃农民的大米，而它们又是一种很难捕捉的动物。多年来，人们想尽办法，用装有镇静剂的枪去射击，或用陷阱去捕捉它们，但都无济于事，因为它们的动作实在太快了。后来，人们去请教生物学家。于是，生物学家根据这种猴子的习性找到了一种捕捉猴子的巧妙方法。

他把一只窄瓶口的透明玻璃瓶固定在树上,再放入大米。到了晚上,猴子来到树下,就把爪子伸进瓶子去抓大米。这瓶子的妙处就在于猴子的爪子刚刚能够伸进去,等它抓一把大米后,由于握着拳头,爪子却怎么也抽不出来。而那个瓶子又系在树上,使它无法拖着瓶子走。贪婪的猴子十分顽固——或者是太笨了——始终不愿意放下已到手的大米。就这样,第二天,当生物学家把它抓住的时候,它依然不愿放手。

(5) 人人平等。每个公民的社会地位、人格尊严都是平等的,公民权利和社会责任也没差别。市场竞争必然造成一定的贫富差别,但只要诚实劳动以创造财富,就是合格公民。

"君子爱财,取之有道",这个"道",就是"劳动"。纪录片《劳动创造财富》里对实体经济和虚拟经济进行了演绎,不管虚拟经济如何繁荣,都需要实体经济的支撑,而且更来不得半点虚假,美国安然公司、雷曼兄弟等接连破产,说明诚实劳动才是财富聚集的重要且持久的手段,任何投机行为只能让自己陷入被动和困境。世人皆爱财,只是获取财富的手段不一样而已,那些最持久

第五章　勤劳创财富　勤俭利家国

的、最让人敬佩的财富传奇,背后都是一个枯燥而漫长的勤勉劳动者的故事。

财富从来只会眷顾勤勉劳动者。从小家富,到大国兴,财富的累积,都不是"上天掉下的馅饼",也不是承继祖宗的恩德,它是诚实的人们无意间窥破了财富密码——劳动,于是就产生了连锁反应:一个人富起来,一个家庭富起来,一个村落富起来,一个座城市富起来,最后一个国家富起来。这个连锁反应的开端是劳动,结束是财富的累积和人们的幸福指数提升。

人生在世其实就是一个不断创造财富的过程,这一过程大致可分为四个阶段。

第一阶段:靠劳力创造财富。用自己的双手,靠付出辛勤的汗水为自己丰衣足食,这是创造财富的初级阶段,创造的财富与自己付出的汗水和时间成正比。

第二阶段:靠手艺创造财富。有自己的一技之长,用自己的巧手创造财富。这一阶段的人大都从第一阶段走来,手艺的高低决定着创造财富的多少。

第三阶段:靠技术和知识创造财富。有着相对专业的技术或专业的知识,是介于灰领与白领之间的一群人。这一阶段的人从第二阶段走来或直接来自学校。技术和知识决定着他们的财富。

第四阶段:靠名气创造财富。他们是一群名人或业内名人,他们的名气很值钱。他们或从第三阶段走来或一夜之间从石缝里蹦出来,他们可以名声永存也可能昙花一现。他们的财富来得快去得也快,有时一个花边新闻就能使他们倾家荡产。决定他们财富多少的

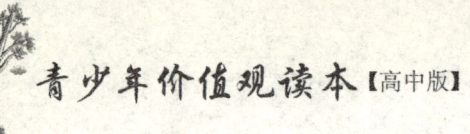

因素，有时并不与名气的大小成正比，而与绯闻的多少有关系。

领略了财富的创造途径后，让我们来看看世界上会经营财富的人，有一部什么样的财富经。

整个世界都知道，比尔·盖茨绝对不是专业技术的领先者，但最终他成为了世界首富。比尔·盖茨从来不放过任何一个可以利用的商机，且能够看到别人看不到的财富。这一点使他与以往的任何一个商业巨子有了很大的差别：以前的巨商们的威力通常仅仅局限在某一行业里，但是比尔·盖茨却借助了软件的影响，把触须伸到了我们生活的方方面面。

在微软自己出版的百科全书《英卡塔》中，对其成就的解释是："比尔·盖茨的大部分成就，在于他有能力将科技的远景转化为市场策略，把对科技的敏锐性和创造性融合在一起。"这对比尔·盖茨的褒赞是无以复加的，但透过盛赞下的光环，我们还应当看到，比尔·盖茨也是一个凡人。只不过，他智慧超人，有着超凡的经营远见和敏锐的商业眼光，以及迫不及待地抓住一切可能的机会，并将它们转化成财富的能力。

比尔·盖茨得以成为世界信息产业界的代言人，除了他所具有的创新能力，以及他拥有的丰富知识外，还得益于他那超乎常人的市场直觉、经营手法以及杰出的推销能力。他能看到别人看不到的财富，这是风险投资家所具备的良好素质。比尔·盖茨虽然不算是一个严格意义上的风险投资家，但是他无意中具备了风险投资家所具备的基本素质。

善于捕捉商机，并迅速利用这些商机，抢占市场，挤得对手几乎无处容身。他以高人一等的市场远见与不凡的经营策略，成功地占领了信息产业的制高点。业界人士曾无奈地表达他们无比的痛

第五章　勤劳创财富　勤俭利家国

苦：市场里的财富都被比尔·盖茨占去了。"最好的市场就是没有比尔·盖茨的市场。可惜，在信息产业界，他的身影无处不在。"

将微软的成功归之于搭上了蓝色巨人IBM的巨大战车毫不为过，但这其中不仅仅是幸运。比尔·盖茨眼光独到，看出与IBM的交易影响深远，非常清楚这背后的巨大财富。他知道，如果有了操作系统，就可以建立起一个通用的平台，而这将可以改变个人电脑的历史走向。"我们疯狂地编写程序、销售软件，我们几乎没有时间做其他的事。值得庆幸的是，我们的客户都是狂热的计算机爱好者，不会被功能的弱小、手册的简单和不够美观的用户界面所影响。这就是计算机软件当时的状况。""一些公司把它们的软件装在一个塑料袋中销售，带有一张复印的使用说明和一个电话号码(你可以拨打这个电话寻求'技术支持')。对微软公司来说，当有用户打电话要求定购一些软件时，谁接到电话谁就是'送货部'。他们要跑到办公室的后面拷贝一张磁盘，把它放在邮件中，随后回到自己的座位上继续编写代码。"比尔·盖茨这样描述自己最初创业的经历。

即便是一个相当小的软件作坊，比尔·盖茨也不放弃对财富的追逐。1975年在阿尔伯克基准备筹办公司时，他就与第一伙伴艾伦斤斤计较起财富的分配问题，比尔·盖茨凭借源代码写作上的优势，占据了股份的六成。一年后他们真正签署协议时，比尔·盖茨磋商把自己的股份增加一点，性格比较随和、语气温柔的艾伦自然损失一点。于是，协商的结果就是比尔·盖茨拥有微软股份的64%。这是比尔·盖茨在牢牢把握财富商机所进行的谈判方面坚持不懈、令人无法抵御的威力的最早明证之一。尽管多几个百分点，或少几个百分点对比尔·盖茨来说并没有多大的区别，可是比尔·盖茨认为，每一个百分点都值得努力争取。

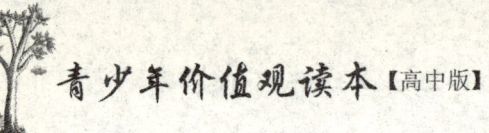

当微软公司的股票上市公告宣布后,比尔·盖茨更是没有放弃过能在近期内给自己个人和公司带来巨大经济效益的机会。他开始马不停蹄地向集团购买者巡回推销股票。

在这次巡回推销股票活动中,比尔·盖茨代表公司在10天内到世界的8个城市进行过宣传,包括世界贸易中心纽约、世界金融中心伦敦等。虽然对比尔·盖茨来说,有点疲于奔命,但为了让自己的股票有一个好的价格,比尔·盖茨不但在这些城市逗留,还在每个城市发表演讲,把推销会场搞得像节日舞会一样热闹。

当他乘坐的飞机在英国伦敦徐徐降落时,比尔·盖茨一行受到了非常英国式的热烈欢迎:在阿纳比举行了一个盛大的聚餐会,这是大英绅士们典型的聚会。温文尔雅而又不失热情,会后还举行了舞会。整个晚上比尔·盖茨都乐此不疲。

比尔·盖茨的辛苦劳作也换回了股民大把大把的钞票。1986年3月13日,微软股票上市时,以每股21美元开盘。第一天,共成交了360万股,可谓取得了一个巨大的成功。中午时分,每分钟有大约几千股成交。最后收盘时,微软股票上升到了每股29.3美元。也就是说,在一天之内,微软股票就升值了40%以上。

可以说,当天的股票交易市场成了比尔·盖茨的天下。几乎所有进出交易大厅的股民都买了微软的股票,而别的股票无人问津。比尔·盖茨就在此一役中一跃跻身于身价上亿的世界顶级富翁俱乐部。在世界各企业家的发财史上,能够在短期内聚集如此神话般财富的,恐怕只有比尔·盖茨一人。

对于一个成功的商人来说,赚钱的眼光是十分重要的。比尔·盖茨无疑具备了这种最基本的素质,所以,微软公司和比尔·盖茨的财富与其知名度一样节节攀升。

第六章　天天心态好　自信莫烦恼

　　有人说，心态决定命运。心态表示一个人的心理状态及情绪，一个人的心态，对他的人生成长与发展会有很大的影响。好的心态不但可以让人更好地取得成功，还能更好地享受生活，提高你的幸福程度。但是我们的心态是起伏不定的，心态有好也有坏。那么，我们如何去调整自己的心态，让我们拥有一个积极乐观和宽容豁达的良好心态，获得心灵的宁静和人生的快乐，带来事业上的成就和生活上的美满幸福呢？

第一节　笑对生活乐无限

【价值观指引】

凡人生之生也，必以其欢，忧则失纪，怒则失端，忧悲喜怒道乃无处。爱欲静之，遇乱正之，勿引勿摧，福将自归。（管仲）

乐观的人，牙齿落完也不老。（维吾尔族谚语）

我们要抱着乐观去奋斗，我们往前一步，就是进步，不要有着愤嫉的心，固执的空想，要细细观察社会病源……于痛苦困难之中，还要领会他的乐趣。（瞿秋白）

忧愁、顾虑和悲观，可以使人得病；积极、愉快和坚强的意志和乐观的情绪，可以战胜疾病，更可以使人强壮和长寿。（巴甫洛夫）

真正的笑，就是对生活乐观，对工作快乐，对事业兴奋。（爱因斯坦）

悲观的人虽生犹死，乐观的人永生不老。（拜伦）

一切的和谐与平衡，健康与健美，成功与幸福，都是由乐观与希望的向上心理产生与造成的。（华盛顿）

快乐，使生命得以延续。快乐，是精神和肉体的朝气，是希望和信念，是对自己的现在和未来的信心，是一切都该如此进行的信心。（果戈理）

第六章　天天心态好　自信莫烦恼

笑是刚启封的美酒，醉人心怀；笑是习习的春风，拂人面庞；笑是问候，是无声息的祝福，笑是请柬，是无字的敬意。一个微笑，能点燃生命的火花；一个微笑，能填平人与人之间的沟壑；一个微笑，也能打开久居黑暗的心扉。因此，我们要笑对人生。

笑是生活中的一种释然，与贫富、地位、处境没有必然的联系。一个富翁可能整天忧心忡忡，而一个穷人则可能自给自足、富有情趣、笑声不断。一位残疾人可能坦然、乐观；一位处境顺利的人可能会愁眉不展；一位身处逆境的人可能会面带笑容，笑对人生，用笑这样一种乐观积极的态度去面对人生的逆境、坎坷，最终走上自己辉煌的人生历程。

在失败面前，至少有三种人：

一种人，遭受了失败的打击，从此一蹶不振，成为让失败一次性打垮的懦夫，此为无勇无智者。

一种人，遭受失败的打击，并不知反省自己，总结经验，但凭一腔热血，勇往直前。这种人，往往事倍功半，即便成功，亦常如昙花一现。此为有勇而无智者。

还有一种人，遭受失败的打击后，能够审时度势，调整自我，在时机与实力兼备的情况下再度出击，卷土重来。这种人堪称智勇双全，成功常常莅临他们头上。

《圣经》里也有一段箴言："你若在患难之日胆怯，你的力量就要变得微不足道。"世界上没有永远的冬天，也没有永远的失败；在艰难和不幸的日子里，我们要保持斗志、信心和忍耐。成功的人也必然是一个能伸能屈、宠辱不惊的人。

世界上没有转败为胜的诀窍，创业者只要具备了临危不惧、重

振雄风的信心和勇气——笑对人生,就拥有了披荆斩棘、所向披靡的利器,这样就必定能征服前行道路上的一切困难,到达成功的目的地。

有个人失业了,整天萎靡不振,朋友苦劝良久,都不见起色。这时,朋友想起了之前看过的一个故事,便和他讲了起来:

有一位教授开车去学校。半路上,他忽然发现车子有些不对劲,方向盘无法掌控。于是,他赶紧把车停到路边,并打电话给修理厂。

很快,修理厂派人过来拖走了车子,教授只好步行赶往学校。当他急匆匆地冲进办公室时,刚好与一个同事撞了个满怀,同事手中一杯滚烫的咖啡一下子泼到了他的脚上。

教授来到办公桌前,助手见他来迟了,便问他发生了什么事。教授把车子在半路抛锚的事情告诉了助手,最后他笑笑说:"今天我真幸运!"

第六章　天天心态好　自信莫烦恼

助手一听，纳闷地问："什么？你的车在半路上坏了，你还觉得幸运？"

教授笑着解释道："我每天开车来上班都要经过一段高速公路，假如今天车子是坏在高速公路上，那很可能会带来非常严重的后果。幸好，车子是在我下了高速公路以后才坏的。所以说，今天坏的时间和地点都恰到好处。"

听教授这么一解释，助手点了点头，她低头一看，又发现了问题："你的鞋怎么全湿了？你的脚背还有点红，地毯上全是脏脚印！"

教授把刚才与同事相撞的事告诉了助手，然后笑嘻嘻地说："这是我今天遇到的另一件挺幸运的事。"助手盯着教授，觉得匪夷所思："你的鞋湿透了，脚被烫伤了，地毯也脏了，你居然说这也是一件挺幸运的事？"

教授点点头说："因为我今天穿的是一双厚皮鞋，所以我的脚被烫得不厉害。而这块地毯本来就很脏了，我一直想把它送到干洗店里清洗，可始终拖拖拉拉没做成。这下好了，我正好借这个机会把地毯彻底清洗一下。你看，这不是坏事变好事了吗？"

那位失业的朋友听完这个故事，终于露出了久违的笑容。的确，人生不如意事十之八九，当我们遇到挫折时，保持良好的心态、乐观的态度方为上策。

【价值观实践】

有人会问，我们作为青年人，人生中遇到的不如意的事一件接一件，那又怎么能让自己每天都笑得起来呢？

（1）你要学会让自己安静，把思维沉淀下来，慢慢降低对事物

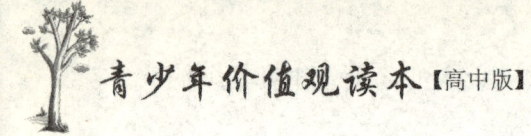

的欲望。经常自我归零，把每天都作为新的起点。事实证明，没有年龄的限制，只要你对事物的欲望适当降低，就会赢得更多快乐的机会。但降低欲望只是调整心态的需要而已，不是要你消极避世，从此萎靡不振。

一位住持对大亨说："您知道为什么我让您修剪灌木？我只是希望您每次修剪前，都能发现，原来剪去的部分又重新长出来了。就像人类的欲望，您别指望能完全消除它。我们能做到的，就是尽力把它修剪得美观。放任欲望，它就会像满坡生长的灌木，丑陋不堪。但是，经常修剪，就能够使其成为一道亮丽悦目的风景。对于名利也是这样，只要取之有道，用之有道，利己惠人，它就不应该被看作是心灵的'枷锁'。"

(2) 学会关爱自己，只有多关爱自己，才能有更多的能量去关爱他人，如果你有足够的能力，就要尽量帮助你能帮助的人，那样你得到的就是几份快乐，多帮助他人，善待自己，也是一种减压的方式。

(3) 心情烦躁的时候，你可以喝一杯白开水，放一曲舒缓的轻音乐，闭眼，回味身边的人与事，对新的未来可以慢慢地梳理，这既是一种休息，也是一种冷静的前进思考。

(4) 多和自己竞争，没有必要嫉妒别人，也没必要羡慕别人。很多人都喜欢羡慕别人，而始终把自己当成旁观者。事实上，越是这样，越是会让自己掉进深渊。你要相信，只要你去做，你也可以做到的。你要为自己的每一次进步而开心（事情是不分大与小的，复杂的事情简单做，简单的事情认真做，认真的事情反复做，争取做到最好）。

第六章 天天心态好 自信莫烦恼

有兄弟二人,年龄不过四五岁,由于卧室的窗户整天都密闭着,他们认为屋内太阴暗,看见外面灿烂的阳光,觉得十分羡慕。兄弟俩就商量说:"我们可以一起把外面的阳光扫一点进来。"于是,兄弟两人拿着扫帚和畚箕,到阳台上去扫阳光。等到他们把畚箕搬到房间里的时候,里面的阳光就没有了。这样一而再再而三地扫了许多次,屋内还是一点阳光都没有。正在厨房忙碌的妈妈看见他们奇怪的举动,问道:"你们在做什么?"他们回答说:"房间太暗了,我们要扫点阳光进来。"妈妈笑道:"只要把窗户打开,阳光自然会进来,何必去扫呢?"

这说明,把封闭的心门敞开,成功的阳光就能驱散失败的阴霾。

(5) 广泛阅读,阅读实际上就是一个吸收养料的过程,现代人面临激烈的竞争,复杂的人际关系,为了让自己不至于在某些场合尴尬,可以进行广泛的阅读,让自己的头脑充实也是一种减压的方式,人有时候是这样的,脑子里空空的时候会自然地焦急。这就对了,正是你的求知欲在呼喊你,要活着就需要这样的养分。

(6) 在任何条件下,自己都不能看不起自己,哪怕全世界都不相信你,看不起你,但你一定要相信你自己,因为我相信一句话,如果你喜欢上了你自己,那么就会有更多的人喜欢你。

(7) 学会调整情绪,尽量往好处想。很多人遇到一些事情的时候,就急得像热锅上的蚂蚁,本来可以很好解决的问题,正是因为情绪的把握不好,让简单的事情复杂化,让复杂的事情更难了。其实只要把握好事情的关键,把每个细节处理得当就会游刃有余;遇到棘手的事情冷静点,然后想如何才能把它做好,你越往好处想,心就越开;越往坏处想,心就越窄!

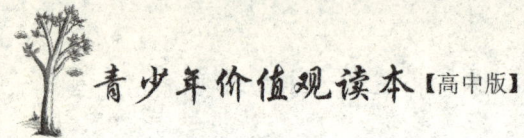

有一个叫米契尔的青年,一次偶然的车祸,使他全身三分之二的面积被烧伤,面目恐怖,手脚变成了肉球(不分瓣),面对镜子中难以辨认的自己,他痛苦迷茫。但他想到某位哲人曾经说过:"相信你能,你就能!问题不是发生了什么,而是你如何面对它!"

他很快从痛苦中解脱出来,几经努力、奋斗,变成了一个成功的百万富翁。此时此刻,他不顾别人规劝,非要用肉球似的双手去学习驾驶飞机。结果,他在助手的陪同下升上天空后,飞机突然发生故障,摔了下来。当人们找到米契尔时,发现他脊椎骨粉碎性骨折,他将面临终身瘫痪的现实。家人、朋友悲伤至极,他却说:"我无法逃避现实,就必须乐观接受现实,这其中肯定隐藏着好的事情。我身体不能行动,但我的大脑是健全的,我还是可以帮助别人的。"他用自己的智慧,用自己的幽默去讲述能鼓励病友战胜疾病的故事。他走到哪里,笑声就荡漾在哪里。

一天,一位护士学院毕业的金发女郎来护理他,他一眼就断定这是他的梦中情人,他把他的想法告诉了家人和朋友,大家都劝他:这是不可能的,万一人家拒绝你多难堪。他说:"不,你们错了,万一成功了怎么办?万一答应了怎么办?"

多么好的思维,多么好的心态!他勇敢地向她约会、求爱。两年之后,这位金发女郎嫁给了他。米契尔经过不懈的努力,成为美国人心中的英雄,成为美国坐在轮椅上的国会议员。

(8)珍惜身边的人,用语方面要尽量不伤害他人,哪怕遇到你不喜欢的人,也应尽量迂回,找理由离开而不是肆意伤害他们,这样不仅不会让自己心情太坏,也不会让场面更尴尬。珍惜现在身边的一切吧。

第六章 天天心态好 自信莫烦恼

(9) 热爱生命,每天吸收新的养料,每天要有不同的思维,多学会换位思考,尽量找新的事物满足自己对世界的新奇感、神秘感。

(10) 攀比思想不能太重。如果盲目攀比,就会"人比人,气死人"。

一句话,我们要让自己成为自己的主人,管好自己,调整好心态,笑对人生,每一天就会变得精彩起来。

第二节　自信人生显力量

【价值观指引】

知人者智,自知者明。(老子)

恢弘志士之气,不宜妄自菲薄。(诸葛亮)

凡是有点干劲的,有点能力的,他总是相信自己,是有点主见的人;越有主见的人,越有自信。(邓小平)

自信与骄傲有异;自信者常沉着,而骄傲者常浮扬。(梁启超)

一定要有自信的勇气,才会有工作的勇气。(鲁迅)

凡事必须要有统一和决断,因此,胜利不站在智慧的一方,而站在自信的一方。(拿破仑)

只要有一种无穷的自信充满了心灵,再凭着坚强的意志和独立不羁的才智,总有一天会成功的。(莫泊桑)

成功的条件在于勇气和自信,而勇气和自信乃是由健全的思想和健康的体魄而来。(科伦)

自信和希望是青年的特权。(大仲马)

有自信心的人,可以化渺小为伟大,化平庸为神奇。(萧伯纳)

第六章　天天心态好 自信莫烦恼

成功的人，都有浩然的气概，他们都是大胆的、勇敢的。他们的字典上，是没有"惧怕"两个字的，他们自信他们的能力是能够干一切事业的，他们自认他们是个很有价值的人。（戴尔·卡耐基）

自信，是指自己相信自己。自信对我们的生活非常重要，我们的事业、我们的爱情、我们的生活，不管是哪一个领域，自信都是无比重要的。自信给人以力量，给人以快乐。正是有了自信，人们才充满了睿智，你和我的心中才升腾起无尽的希望。人们只有自信才能让自己的人生之花开得更茂盛更灿烂。只有自信才能让生活处处是舞台，让人生越过越精彩。

在美国专门研究智力的人，做了一个试验，他们在学校10000名学生里面抽出20名学生来，然后召集所有的人集中在操场上，校长宣布，这是我们国家最顶尖的专门研究天才的科学家，经过长期的测试和研究后，发现在我们学校，有20位天才，并且把名单公布了出来，然后这20位站出来了，让所有的同学都能看到他们。这20位学生当然很激动，很兴奋，"哇，我们是天才，而且是测试出来的。"

20年后，这些人都长大了，这20个当时被称为天才的人究竟怎么样了？最后发现，这20个天才，他们有的成为顶尖的企业家，有的在他们的职业生涯成为最优秀的职业人士，有的人成为行业专家。无论他们在什么领域，都不负众望，表现出超出一般人的业绩，在这10000名同学当中成为最卓越的人群，因为他们走到哪里都会说我是天才。但是我们都知道，他们并不是真的经过专业测试出来的。既然没有真正的测试，最后结果怎么会真成了天才呢？因为他们相信自己就是天才。

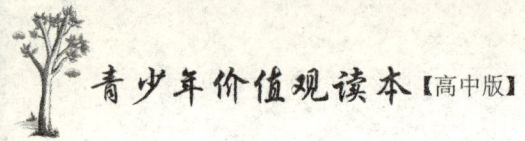

【价值观实践】

接下来，我们在学校或者在社会舞台上，又应该如何让自己自信起来呢？你不妨按下面的方法调整一下自己的心态。

一是挑前面的位子坐。你是否注意到，无论在教学或教室的各种讲座中，后排的座位是怎么先被坐满的吗？大部分占据后排座的人，都希望自己不会"太显眼"，而他们怕受人注目的原因就是缺乏信心（当然有时也不排除他们想开小差，这就另当别论了）。

坐在前面能建立自信心。你可以把它当作一个规则试试看，从现在开始就尽量往前坐。当然，坐前面会比较显眼，但要记住，有关成功的一切都是显眼的。

一位教授陈述了他的一项实验结论。12年前，教授曾要求他的学生毫无顺序地进入一个宽敞的大礼堂，并独自找个座位坐下。反复几次后，教授发现有的学生总爱坐前排，有的学生则盲目随意，四处都坐，还有一些学生似乎特别钟情于后面的位置，教授分别记下他们的名字，十年后，教授对他们的调查结果显示：爱坐前排的学生中，成功的比例高出其他两类学生很多，教授还讲到他被很多大型公司视为"人才伯乐"的原因，就是应用了这个结论。教授受托为某公司招聘人才时，总会让那些应聘者莫名其妙地选座位，教授淡然一笑："其实，那些应聘者知识实力相差无几，我哪里知道谁是千里马，我不过知道谁爱坐前排罢了。不是说一定要你们抢前排坐，而是说这种积极向上的心态十分重要。在漫长的人生中，你们一定要有永争第一的精神状态，才会不断进步，达到事业的高峰！"

第六章 天天心态好 自信莫烦恼

二是学会正视别人。一个人的眼神可以透露出许多自我的信息。某人不正视你的时候,你会直觉地问自己:"他想要隐藏什么呢?他怕什么呢?他会对我不利吗?"不正视别人通常意味着:在你旁边我感到很自卑;我感到不如你;我怕你。躲避别人的眼神意味着:我有罪恶感;我做了或想到什么我不希望你知道的事;我怕一接触你的眼神,你就会看穿我。这都是一些负面的信息。

正视别人等于告诉你:我很诚实,而且光明正大。我相信我告诉你的话是真的,毫不心虚。

若非一流演员,眼神很难装出来。少经世故却要在面试时装模作样的年轻人,最易被眼神出卖。"面试鸡精班"教人要直望考官,与人攀谈时,不能窥天望地,要有眼神接触,这当然是基本礼貌,但眼神很容易露出马脚,他们是否有信心?是否机灵?是否真心?基本上一眼可看出。

很多人知道眼神重要,就故意睁大眼睛,想装得精神炯炯,但却是眼大无神,空洞无物;有些人故作轻松,皮笑肉笑眼却不笑,出卖了自己内心的慌乱;生活颠倒、睡眼惺忪的年轻人,无论如何装扮,也不能掩饰眼白里的红筋与眼角那些未老先衰的粗糙坑纹。有些人不敢与你对望,你知道他有事掩饰,心里有鬼;有些人眼神会笑,你感受到真心真意,言行合一;有些人双眼发亮,你知道他找对了工作,无怨无悔。

政客挂着笑脸和颜悦色,眼神往往愤懑不平;领导的台词关怀体贴,面对弱势长者,却眼神游移、无心接触。相由心生,眼神最易出卖你,政治化妆师写多好的演辞也没用,眼神的化妆,才是最高境界。梁朝伟当上影帝,人们说他"一双眼睛懂得演戏",幸好世上懂得用眼做戏的人不太多。以眼取人,自有奇效。

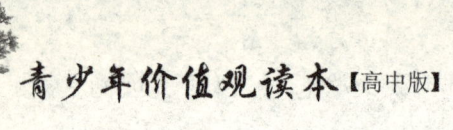

三是经常练习当众发言。拿破仑·希尔指出，有很多思路敏锐、天资高的人，却无法发挥他们的长处参与讨论。并不是他们不想参与，而只是因为他们缺少信心。

那些在会议中沉默寡言的人都认为："我的意见可能没有价值，如果说出来，别人可能会觉得很愚蠢，我最好什么也不说。而且，其他人可能都比我懂得多，我并不想让你们知道我是这么无知。"这些人常常会对自己许下很茫然的诺言："等下一次再发言。"可是他们很清楚自己是无法实现这个诺言的。每次这些沉默寡言的人不发言时，就又中了一次缺少信心的毒素了，他会愈来愈丧失自信的。

从积极的角度来看，如果尽量发言，就会增加信心，下次也更容易发言。所以，要多发言，这是信心的"维他命"。

四是经常开口大笑。大部分人都知道，笑能给自己以很实际的推动力，它是医治信心不足的良药。但是仍有许多人不相信这一套，因为在他们恐惧时，从不试着笑一下。实际上，真正的笑不但能治愈自己的不良情绪，还能马上化解别人的敌对情绪。如果你真诚地向一个人展颜微笑，他就实在无法再对你生气，你的自信不就找到了吗？

拿破仑·希尔讲了一个自己的亲身经历："有一天，我的车停在十字路口的红灯前，突然'砰'的一声，原来是后面那辆车的驾驶员的脚滑开刹车器，他的车撞了我车后的保险杠。我从后视镜看到他下来了，也跟着下车，准备痛骂他一顿。"但是很幸运，我还来不及发作，他就走过来对我笑，并以最诚挚的语调对我说：'朋友，我实在不是有意的。'他的笑容和真诚的解释把我融化了。我

第六章 天天心态好 自信莫烦恼

只有低声说:'没关系,这种事经常发生。'转眼间,我们的敌意变成了友善。"

五是怯场时,不妨道出真情,让自己平静下来。

有一个业绩位居美国第5名的推销员,当他还不熟悉这行的工作时,有一次,他竟独自会见美国的汽车大王。结果,他真是胆怯得很。在情不自禁之下,他只好老实地说出来了:"很惭愧,我刚看见你时,我害怕得连话也说不出来。"结果,这样反而驱除了恐惧感,这要归功于坦白的效果。

六是以肯定的语气评价自己,以树立自信心。

有些女人面对着镜子,当她看到自己的形影或肤色时,忍不住产生某种幸福的感受。相反地,有些女人却被自卑感所困扰。虽然彼此的肤色都很黝黑,但自信的女人会以为:"我的皮肤呈小麦色,几乎可跟黑发相媲美。"而她内心一定暗喜不已。可是,一个缺乏自信的女人,却因此痛苦不堪地呻吟起来:"怎么搞的,我的肤色这么黑!"两种人的心情完全不同。有的女人看见镜子就丧失信心,甚至在一气之下,把镜子摔破了。

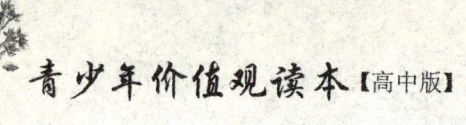

由此可见，价值判断的标准是非常主观而又含糊的。只要你认为自己漂亮，看起来就觉得很漂亮，如果认为自己讨人厌，那就看来看去都觉得不顺眼。所以，多用肯定的语气评价自己，非常有利于树立自信心。

七是做自己能做的事。做自己做得到的事时，个性就会显现出来。重要的是，我们要知道自己应该做的事是哪些，然后加以实行，就可以从自我的形象中获得解放了。总之，要试着记下马上可以做的事，然后加以实践，但没有必要非得是伟大、不平凡的行动，只要是自己能力所及的事就足够了。因为很多人就是想一步登天，所以才找不到事做。我们从没遇到说"从明天起我要戒烟！"的人把烟戒了的。也从没有遇到说"今晚喝酒到此为止！"的人把酒戒掉的。

一次，一位摄影师出席某个聚会。前往酒会的途中，这位摄影师说道："我戒酒了。"朋友问他："什么时候开始的？"他回答："刚才我决定戒掉的。"于是，他把烟、酒都戒掉了。可是，对于这个问题，大部分的人经常都会这样说："待这次酒会过后"或者"这次酒会是最后一次"。结果，他们始终没有戒掉。

你不妨试着制作两张卡片，一张写上"做吧！"，另一张写上"待会儿再做"。把这两张卡片随身带着，当自己不太有自信时，抽出其中一张。这时应该抽出写着"做吧！"那张。我们可以在背面先写上"要有自信"。当自己不知道要不要做时，务必抽出这张卡片。因为今天关系着第二天，今天可以做的事如果没有动手做，明天再要动手做就会变得更加困难了。

第六章　天天心态好　自信莫烦恼

第三节　就让他人说去吧

【价值观指引】

　　亦余心之所善兮，虽九死其犹未悔。（屈原）
　　古之立大事者，不惟有超世之才，亦必有坚忍不拔之志。（苏轼）
　　生当作人杰，死亦为鬼雄，至今思项羽，不肯过江东。（李清照）
　　故立志者，为学之心也；为学者，立志之事也。（王阳明）
　　人，只要有一种信念，有所追求，什么艰苦都能忍受，什么环境也都能适应。（丁玲）
　　走自己的路，让他人说去吧。
　　我们不可能让身边所有的人都说我们的好话，我们也不可能在人生有限的时间内把所有的事情都做得尽善尽美。所以，只要我们瞄准了自己的目标，走正确的路，就不改初衷，义无反顾，坚持到底。至于他人怎么说，我们要分清情况，如果经过实践证明是正确的，我们就要听取他人的意见；如果实践证明是错误的或毫无价值的，就让他人说去吧。

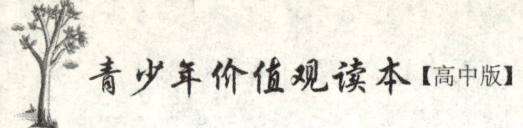

其实,在众多舆论面前,往往可以考验出我们的主观定力是否可靠,往往能够看得出一个人对做某件事的恒心与价值稳定性。若是听风便是雨,这个人肯定会沉浸在公说公有理婆说婆有理的舆论氛围中,不能自拔;若是一个人自有主见,那么,那些流言蜚语往往会自讨没趣而销声匿迹,或在真理面前无地自容。

比如,有人说读书无用,而事实上,说这话的很多人压根儿就没读过多少书,只不过是站在自己的立场上为自己辩护而已。那么,读书到底有没有用呢?答案是肯定的。但有些人为什么读了那么多书却沦落到不堪入目的境地呢?那是因为这种人没有读有用的书,或是读了书没有用得好罢了。

又有些女生说,学得好不如嫁得好。此话包含的意思是,确实有嫁得好的人,在很多方面都超过了学习好而在社会上混得不好的人。而她们没有看到——这是个概率问题,试问:世界上有谁将"学得好"与"嫁得好"的准确数据统计出来过?还不都是"立一家之言"罢了。

【价值观实践】

我们如何来面对类似舆论问题?是一天换个样以适应舆论呢?还是坚持做正确的自我?事实证明,只要我们顺应的是主流趋势,树立的是正能量的价值观,做的是经得起社会实践检验的事情,我们就要一干到底。风声雨声,终究压不倒我们的读书声。

新中国成立至今,一共出现过三次"读书无用论"的思潮。

第一次是在"文革"后期,以张铁生交白卷上大学为高潮,那

第六章　天天心态好　自信莫烦恼

些年,"我是中国人,何必学外语,不学ABC,照样干革命",成为广大青年的口头禅,学校停课,学生停学。

第二次出现在改革开放初期的20世纪80年代末和90年代初,最典型的口头禅就是"造原子弹的不如卖茶叶蛋的,拿手术刀的不如拿剃头刀的"。许多没有读过多少书,又没有进入国营事业集体等所谓"单位"的人,首先进入了个体户的行列而勤劳致富。由于体制等原因,教授、医生、教师、公务员、工程师等依然在单位拿着固定工资,收入差距十分明显。

如今的"读书无用论"首先从农村出现。过去靠高考改变命运的农村青年面临无能为力的几大难题,比如,高昂的学费让贫困家庭难以负担,以及花费巨额费用后,大学毕业却找不到工作。在一些农村学校,放弃高考的学生比例还真不小。

试问,那些认为读书无用的人,难道不读书、不学习就一定会有大用吗?一个人如果连学习工作技能的基本素质都不具备,他能学好劳动技能吗?若劳动技能都没有,谁还会用这样的人呢?那么,这个人对社会来说,其人生价值在哪里?他有用吗?

但反过来,我们也要杜绝读书万能的思想,不要认为只要学习成绩好了就自有黄金屋,自有颜如玉。试问如果你不把自己学到的知识和技能用到工作中去创造价值,你能有黄金屋吗?你如果像孔乙己那样,读的书越多越迂腐顽固,连自己都没法养活,有哪个颜如玉愿意跟你去服"无期徒刑"呢?

所以,我们要客观冷静地分析事物发展的必然性,有些概率问题我们要科学对待;对于事物发展的规律性问题,我们要用事实来说话,要在自己的人生中用实际行动来检验。对于社会上的众多说

法，我们不能够轻信盲从。

进入2012年12月份，有关"世界末日"的谣言在互联网上沉渣泛起。对此，考古学家辟谣说这是对玛雅历的误读，科学家确信流言中的几种"末日"场景根本不可能发生。

本次"世界末日"的说法跟玛雅历法的周期设置联系在一起。玛雅人在约公元前2000年到公元900年间，生活在中美洲一带，考古发现他们有复杂的天文历法，历法中有大大小小的周期，其中一个5125年的长周期将于2012年12月21日结束。

那这一天就意味着"世界末日"吗？答案是否定的。首先玛雅历法根本没有在这一天结束，而是从此开始了一个新的周期，正如我们的日历翻过12月31日后，又会从第二年1月1日开始一样。

第六章　天天心态好　自信莫烦恼

因此，把"世界末日"和玛雅历法联系起来的说法完全是附会的，是长期以来层出不穷的"末日论"在2012年找到的一个新的落脚点。一些传说较多的末日场景，不过是屡次错过"预言"中的发生时间后，在最近的流言中，又和2012年12月21日联系到了一起。

铁的事实已经认定，不但世界末日的谣言是极其荒唐的，类似的流言蜚语也是会不攻自破的。

然而当今，互联网已成为经济社会运行的重要基础设施，以及影响巨大的新型媒体，它使普通民众拥有了真正意义上的自由表达意见和愿望的话语权，网络舆情给党和政府了解社情民意、实行民主化科学化决策提供了重要依据。但也必须看到，网络舆情失真问题，特别是网络谣言问题日益突出，影响社会群体心态、侵蚀社会主流价值观、激化社会矛盾，不利于维持社会和谐稳定。有效治理网络谣言，正确引导意识形态主流，是一个必须解决好的现实课题。

"某快餐品牌的六翅怪鸡你还敢吃吗？""我们支持贩卖儿童判死刑""急！高考准考证丢失请联系此号码"……这些谣言无时无刻不在侵蚀着网络空间。速途研究院发布的《2015年上半年网络谣言调查报告》显示，有六成网友表示参与过谣言的转发分享。尽管其中有21%的人表示坚决抵制网络谣言，但真正举报过谣言的人却仅占到7.4%。

类似谣言，不胜枚举。随着网络社会的日益发展，贴吧、论坛、博客、微博、微信等为人们之间的交流、交往提供了极大的便利，网络进入了"人人都有麦克风、人人都是自媒体"时代。当然，天下万事万物有利就有弊。网络的飞速发展、平台的日益更新，也给各类谣言提供了便利，使得谣言"如虎添翼"，传播速度更快、影响范围更广、造成的危害更大。

有人如此形容网络谣言，"犹如美丽的罂粟花，常常披着妖艳的外衣，却让人在不知不觉中'毒侵入身'。"谣言造成了人们的恐慌、不利于社会安定，其危害性不言而喻。一些人或出于从众心理、或出于所谓的爱心，对信息不加证实而盲目转发。也有一些人或许明知此信息是假的，尽管对此深恶痛绝，却仍漫不经心地按下了手中的转发键，不可避免地成为了"传播谣言的一份子"，充当了谣言制造者的"帮凶"。

虽然网络谣言的蔓延，让人人都有可能成为受害者，但我们大多数人还是选择了做一个"沉默的羔羊"，默默地无言以对、静静地观其扩散。其实，网络谣言不啻于毒品，抵制网络谣言、铲除这个社会毒瘤，应该是人人有责。一味地逆来顺受，只会让制谣者越来越猖狂，无原则地忍气吞声，可能会让谣言越来越多，无意识地充当"帮凶"，更使得他们的气焰越来越嚣张。抵制网络谣言，无视和宁可信其有均不可取，我们必须奋力回击才是最好的选择。

对于别人针对我们的无价值的说东道西，我们就让他人说去吧；而对于那些危害社会的舆论，我们一方面不能轻信，一方面又要自觉与其做坚决的斗争，只有让他们付出了"吹牛要上税"的代价后，如果我们再讲"让他人说去吧"，此时他们就不敢乱说了。

第七章 形象惹人爱 说话艺更高

我们通常会说，这个人看起来还可以；凭我的第一印象，这个人差不到哪儿去；这个人我一看就很舒服，愿意和他交朋友；凭我的第一感觉，这个人就是我想要的那种人。这说明，你的外在形象是他人了解你的第一张通行证。没有它，纵然你心中别有天地，纵然你家中有万贯家财，也只是你自己最了解自己了。

而语言艺术就更为神奇了。尽管人的外在形象很好，但若一句话不慎，往往会将别人疏远十万八千里；而一句话要是说到位了，纵有千军万马也可阴云转晴。可见，语言是弥补伤痛的良药；语言是摩擦节点的润滑剂；语言是化腐朽为神奇的点金之术。

第一节 形象好前程更好

【价值观指引】

外表的美永远比内在的美容易发现。 （傅雷）

美，首先征服人的感官，然后才是人心；优雅，首先征服人心，然后才是人的感官。 （汪国真）

人的外貌和肉体只有作为美的精神性格的一种表情才是真正美的；离开这种美的精神性格的表情，它就没有真正美的意义，它不过是一具尸体而已。 （施昌东）

从生活中去发现人的精神和体态的美，这是一种高尚的、典雅的、无邪的美。 （华君武）

人体既充分具有美之两种要素，外有微妙之形式，内具不可思议之灵性，合物质美之极致与精神美之极致而为一体，此人体之所以为美中之至美也。 （刘海粟）

漂亮单作用于人的生理感观，仅是自然局部的和谐。 （史铁生）

从我们心中夺走对美的爱，也就夺走了生活的全部魅力。 （卢梭）

人的一切都应该是美丽的:面貌、衣裳、心灵、思想。 （契诃夫）

一切精美的东西都有其深沉的内涵。 （约瑟夫·鲁）

朴素是美的必要条件。 （托尔斯泰）

第七章　形象惹人爱　说话艺更高

美有三个要素:第一是一种完整或完美……其次是适当的比例或和谐；第三是鲜明，鲜明的颜色是公认为美的。（托·阿奎那）

个人形象就是一个人的外表或容貌，也是一个人内在品质的外部反映，它是彰显一个人内在修养的窗口。从心理学的角度来看，他人通过观察、聆听、气味和接触等各种感觉，形成对某个人的整体印象，但有一点，我们必须认识到：个人形象并不等于个人本身，而是他人对个人的外在感知，不同的人对同一个人的感知不会是完全相同的，因为它的正确性受人的主观意识所影响，因此在认知过程中，会在人的大脑里产生不同的形象。

爱因斯坦在与同事朋友的交往中，谈吐幽默诙谐，语言生动，深受大家的尊重和喜爱，但他就是不修边幅。他的后妻艾尔萨生性开朗、喜欢打扮。两人刚刚结婚时，爱因斯坦还勉强带着艾尔萨硬塞给他的梳子，偶尔梳一下头发。但后来，他就对梳头不胜其烦，干脆让自己的头发蓬乱着了。他还认为，没有必要穿着擦得锃亮的皮鞋，"因为那仅仅说明你擦过皮鞋"。他从不为自己的不加修饰感到难堪，有时身上发出异味他也不在乎，甚至在给朋友的信中还提上一笔："你的脏乎乎的爱因斯坦从柏林问候你！"

爱因斯坦对上流社会的规矩也毫不在乎，经常不戴硬领，不着短袜，穿着破旧的上衣和便裤。1929年，比利时国王、王后邀请爱因斯坦，他乘着三等车厢到达，下榻三等旅馆。老板看着这个邋遢的中年房客，听说他是国王和王后请来的客人，以为是在开天大的玩笑。有一次，荷兰女王威廉娜邀请爱因斯坦，爱因斯坦借了同事的一件皱巴巴的礼服就去赶赴盛典了。

爱因斯坦不修边幅，还有两个有趣的故事呢。有一天，他戴着一顶破帽子走在大街上，一个富翁看见了，嘲笑道："爱因斯坦，

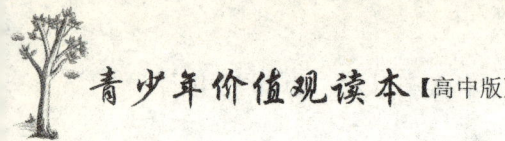

你脑袋上是什么东西？是帽子吗？"爱因斯坦回敬道："您帽子下是什么东西？是脑袋吗？"在他还没有成名前，朋友曾劝告他说："爱因斯坦，你该换套像样的衣服了。"爱因斯坦耸耸肩说："没有必要啊，反正这个城市没有人认识我。"过了几年后，爱因斯坦成为家喻户晓的人物。这个朋友又提出了相同的建议。爱因斯坦笑着说："现在就更不必要了，反正人们都认识我。"其实他把精力都用在工作上。

但是，这个故事说明，若是不注重个人形象，连爱因斯坦这样的人物也会被人嘲笑、误解，以致要去做一些不必要的解释，产生一些不必要的误会，何况我们普通人呢？

有时，或许因为我们的形象不好，就会在找工作的时候被老板拒之门外；或许因为我们仪容仪表的某方面有点问题，就会在升学面试时功亏一篑。相反，或许因为我们的青春靓丽而被某个光鲜亮丽的人生舞台所亲睐；或许因为我们个人形象好，就会比他人提前赢得人生的第一桶金。

实际上，不管你愿意与否，你时刻带给别人的都是关于你的形象——一种直接印象。当一个人进入一个陌生的房间时，即使这个房间里面没有人认识你，房间里面的人也可以通过第一印象得出关于你的结论：经济、文化水平如何；可信任程度或是否值得依赖；社会地位如何，老练程度如何；你的家庭教养的情况，是否是一个成功人士。曾经有调查结果显示，当两个人初次见面的时候，第一印象中的55%来自你的外表，包括你的衣着、发型等；第一印象中的38%来自一个人的仪态，包括你举手投足之间传达出来的气质，说话的声音、语调等，而只有7%的内容来源于简单的交谈。也就是说，

第七章　形象惹人爱 说话艺更高

第一印象中的93%都是关于你的外表形象的。

美国一位形象设计专家,对美国财富排行榜前300位中的100人进行过调查,调查的结果是:97%的人认为,如果一个人具有非常有魅力的外表,那么他在公司里就会有很多升迁的机会;92%的人认为,他们不会挑选不懂得穿着的人做自己的秘书;93%的人认为,他们会因为求职者在面试时的穿着不得体而不予录用。

现实中我们也有很多这样的例子,同样是参加一个招聘会,有的人因为得体的穿着和良好的表现,在求职的过程中获得了很好的职位,而很多人因为没有注意到这一点,与机会失之交臂。所以,你要成功,就要从你的形象开始。

【价值观实践】

你未来的人生舞台,就是一个推销自我的舞台。你知道吗?在你和客户见面的一分钟内,在客户的心中就有一个心理斗争,这就是和不和你继续交往下去,这一点如果你没意识到,客户当然就不会意识到,但是消费者行为学却能意识到,所以,便有了形象吸引法的推销技巧。这是因为,每个人在见一个新人的时候都有个过程,在最初的一分钟内要形成第一印象,这个印象决定他是否想和你继续交往下去。你能不能走下去,能不能施展你下面的销售技巧和话术,能不能施展你专业的房地产销售技巧、汽车销售技巧以及人生自我展示等推销技巧,都在于这一分钟之内,所以,你一定要注意用你的形象去吸引对方的注意力。

仪表形象吸引法

作为推销员，一定要注意自己的仪表形象，如果你是帅哥，那恭喜你，你要好好珍惜，无论男女都会喜欢和你打交道的。如果你不是帅哥，那你也不必太悲观，毕竟这个世界，帅哥和靓女并不是太多，我们还会有别的机会，如好好修饰自己，尽量使自己不要太难看等。事实证明，把心思多下在推销技巧上面，把自己的外貌修饰一下，让对方心理觉得这是个很好打交道的人，那么，你就是有机会的。

神态形象吸引法

推销员应该经营自己的相貌，日本著名推销员原一平曾经专门训练过自己的笑容，他会几十种笑法，其中一种笑容像婴儿一样，号称"价值百万的笑容"，给人以纯洁无瑕的感觉。所以，经营自己的容貌是重要的推销技巧，让自己的眼神充满坦诚，让自己的笑容充满真诚，让自己的目光充满诚信，这是你能够做到的。你用不着是个帅哥，因为大家想向你买东西的时候，更多的是看着你顺不顺眼。所以，训练自己的神态，是重要的推销技巧。

特殊形象吸引法

曾经保持15年保险业务推销冠军的原一平先生，有一次为了和一位超级人物见面，他刻意订制了和那位客户一模一样的西服，并佩戴了一样的领带和饰物，以致客户猛然见到他时，像是在镜子中见到了自

第七章 形象惹人爱 说话艺更高

己,哈哈大笑,结果原一平获得了成功。原一平认为,推销员的外表决定了客户对推销人员的第一印象,成分约占90%。那么,见到了特殊的人或者到了特殊的时刻,你能不能发挥自己的想像力,把自己打扮成一个让客户震撼的形象,让客户接受你的推销,这就是你的本事了。

看完这些推销术,有人会说,如果我不会自我推销,那我以后不干推销行业就是了。哈,你错了,实际上,人生无处不推销。你找工作的时候是在推销自己;你干工作的时候是在领导面前推销自己、在同事面前和客户面前推销自己;你谈恋爱的时候是在对象面前推销自己;甚至你准备高考的行为,也就是在向自己理想中的高校推销自己……因此,好的形象带来好的前程,并不是只针对做销售的人而言的,而是一个普遍规律。

有的同学说,青春就是最好的包装,天生丽质、潇洒帅气就是学生的理想形象。但是,所谓的形象,我们又不能片面地理解为人的外表特征,而更应是人的精神和内在素质通过外表的一种自然流露。二者是相辅相成的关系。所以,我们必须在学习和实践中不断扩展自己的知识面,掌握一定的技能,以打造内在素质来强化自己的外在形象,才能让形象更加完美,更加有魅力。

当然,反过来,作为内在精神素质的载体,我们的外在形象也是不能忽视的。我们应该成为社会生活中一道亮丽的风景线,我们的外在形象表现为青春的行动、不俗的言谈、文雅的举止等。我们应追求清新自然,而不是浮华矫饰。有些人互相攀比阔气,以为穿上名牌衣服、用高级化妆品就高人一等,其实这是很庸俗的。我们的外在形象应以整体的形象美为标准,从内到外塑造青春、健康、

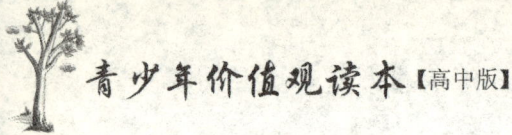

活泼的形象。

当然我们也不能扼杀个性美的张扬,如果我们青年都像是从同一个模子里刻出来的,那将是整个时代的悲哀。处在科技高速发展、社会竞争日益激烈的背景下,我们形象的含义还必须包括对社会和时代的适应性。只有那些能经得起历史检验的人,才能成为社会的脊梁。因此,我们必须多参加社会实践,积极融入社会的大舞台中,成为一个紧跟时代脉搏的人。内涵美和外在美兼得,与时俱进,才能树立起个人的时代良好形象。

下面,我们通过不同时期的影视男主角形象,就可看出一个人与时俱进的重要性。

20世纪80年代,日本明星高仓健主演的电影《追捕》席卷中国银幕后,那个不苟言笑、身手敏捷的刑警渡边,立即征服了无数女性观众的芳心。相较之下,当时的不少本土小生则被讥讽地加上了"奶油"二字的定语。此后,不少中国男演员便开始收起笑容,在脸上写满刻意的沧桑。

这说明那个时候,女性的心态侧重于:需要寻找一个能依靠的、健壮的男性。这是延续过去的一种时代心理——男性要承担很强大的责任。

到了20世纪90年代,以葛优和梁天为代表的俗称丑星的男演员开始走红,他们所扮演的角色大多是生活在城市的普通市民,或者做着小本买卖,或者整天游手好闲,既没有高大的形象,更谈不上英雄业绩,日子就在捉弄别人和调侃自己中打发过去。

这至少说明:在某些平庸、没有想像力也没有激情的角落里,能够拿别人开玩笑,能够看到别人比我们更惨,包括长得也更糟,

第七章　形象惹人爱　说话艺更高

就能得到一定的心理满足,这反映了当时的一种小市民趣味。

到了新世纪,惹人喜爱的演员变成了谢霆锋、苏有朋、陆毅、陈坤、胡兵……这些面容俊秀的男人(男孩儿)在广告、电影和电视中结结实实地混了个脸儿熟。这一季男性明星的标准脸谱是"柔和",他们对应的性格也是"柔",以柔克刚的"柔"。

这说明:21世纪初期,中国社会变化非常大,在一些大城市中,消费社会的特征越来越明显。消费社会是以女性作为消费诉求的对象,这种状况中男性形象将具有女性化的特点,或者说凝聚了一种女性化的趣味在里面。他们与过去那种承担历史重任的男性形象完全不一样,这也许是社会走向进步和平和的一种标志。在一个后工业化社会中,和平和交流变成了重要的社会主题,人们不希望发生剧烈的冲突,而气质柔和的男性,自然要比孔武有力的男性更加不具有攻击性,也更容易接近。

总而言之,人的形象不是主观臆造的产物,而是人与自然、人与社会和谐交融的动态美。我们不但要在自己的人生中意识到个人形象的重要性,而且更要学会顺应社会潮流,把自己塑造为一个受时代欢迎的人。

第二节 一道爱的选择题

【价值观指引】

我们形象靓丽，我们风华正茂，我们春心萌动，我们在爱的原野上花枝招展。我们要么爱自己想爱的人，要么被别人爱得死去活来。爱，是人世间一个温暖的话题；爱，是一个永恒的话题；爱，又是一个令人扑朔迷离的选择题。

处于青春期的高中学生，面临升学的压力，面临自己人生的规划，有时又面临着爱的选择，乱花渐欲迷人眼。那么，我们怎样才能正确认识爱的内涵呢？怎样才能把握好爱的时机呢？怎样才能爱对自己要爱的人呢？

爱情，就是人与人之间强烈的依恋、亲近、向往，以及无私专一并且无所不尽的情感，此外，还有向往未来生活的含义。在汉文化里，爱就是拥有对方的心，具有亲密感，并想长期拥有对方，也能够与对方分享私生活。

爱情是人性的重要组成部分，狭义上指情侣之间的爱情，广义上还包括朋友之间的爱情和亲人之间的爱情。在爱情的情感基础

第七章　形象惹人爱　说话艺更高

上，爱情在不同的文化里也发展出不同的特征。同时，爱情让人们找到生活的温暖；爱情是人与人之间的桥梁；爱情让人们明白生活的真谛。

身无彩凤双飞翼，心有灵犀一点通。（李商隐）

莫道不消魂，帘卷西风，人比黄花瘦。（李清照）

春天没有花，人生没有爱，那还成个什么世界。（郭沫若）

我想我是一个不懂得在现实中表达感情的人。我把自己的感情都错放在一个又一个的角色里，谈情说爱，七情六欲，都是电视剧和电影里头的感情世界。回到现实中，我只是一个渴望有细水长流、平淡恬静的爱情的人。（刘德华）

真正的爱情能够鼓舞人，唤醒他内心沉睡着的力量和潜藏着的才能。（薄迦丘）

爱情中的欢乐和痛苦是交替出现的。（乔·拜伦）

爱情既是友谊的代名词，又是我们为共同的事业而奋斗的可靠保证，爱情是人生的良伴，你和心爱的女子同床共眠，是因为共同的理想把两颗心紧紧系在一起。（法拉第）

是的，真正的爱情是撩人心魄的，是让人一生都应珍惜的，是人世间美好的精神财富。君不见？桃花源里，春风拂面，朵朵桃花随风飘飞……君不知？相见时难别亦难，东风无力百花残……

古时候，越州有一女子祝英台，喜欢吟读诗书，一心想出外求学，但是当时的女子不能在外抛头露面，于是就和丫头银心乔装成男子，前往杭州读书。二人在半途遇见了也要前往杭州念书的芜州书生梁山伯及书僮士久，梁山伯和祝英台二人一见如故，遂义结金兰，一同前往杭州。

在杭州三年期间，梁山伯和祝英台形影不离，白天一同读书、晚上同床共枕，祝英台内心暗暗地爱慕梁山伯，但梁山伯个性憨直，始终不知道祝英台是个女子，更不知道她的心意。有一次清明节放假，二人去西湖游玩的时候，祝英台借景物屡次向梁山伯暗示，可是梁山伯完全无法明白，甚至取笑祝英台把自己比喻成女子。最后祝英台只得直接地向梁山伯表示，梁山伯才恍然大悟。可是这件事全被在一旁偷看的马文才得知，马文才也知道祝英台原来是个女子。

后来家人写信催祝英台回家，临走前，祝英台留一封信告诉梁山伯"二八、三七、四六定"，意思是要梁山伯十天后去祝府提亲，但是梁山伯却以为她说的是"三个十天加在一起"，所以一个月后才去提亲，等到梁山伯欢欢喜喜赶到祝家时，才知道马文才已

第七章　形象惹人爱　说话艺更高

经抢先一步提亲，并且下了聘礼。梁山伯只得心碎地离开，祝英台沿路相送、难舍难分。

梁山伯回家后，相思病重，写信向祝英台要一些找不到、拿不到的药方，表示病情绝望了，同时希望祝英台能前来探望一番，祝英台则回信告诉梁山伯，今生无缘，只希望二人死后可以一起安葬在南山。后来梁山伯病逝，祝英台假意应允马家婚事，但是要求迎亲队伍必须从南山经过，并且让她下轿祭拜梁山伯。当祝英台下轿拜墓时，突然之间风雨大作、阴风惨惨，梁山伯的坟墓竟然裂开，祝英台见状，奋不顾身地跳进去，而后坟墓马上又合起来了。不久，便从坟墓里飞出一对形影相随的蝴蝶……

多么撼人心魄的爱情故事！我们青年人要追求的就是这种纯真的爱情，但要超越梁祝的地方就是——做好事业、爱情两不误的复合选择题。

【价值观实践】

有的同学说，若为爱情故，什么都可抛。那么，按这样的逻辑，我的学业可抛弃，我的事业追求可抛弃……那这样的爱情观就很狭隘了，这样的爱情即使是幸福的，也是失之偏颇的。此外，更有甚者，在当今网恋泛滥的时代，已经有人沦为其牺牲品了。所以，为了爱情，我们必须得警惕啊。网恋的陷阱重重，同学们要多听听，多在网上搜寻类似骗局的信息，以便更好地防范。

那么，有人又会问，我们追求的真正爱情到底在哪里呢？这里，大家不妨从革命前辈的爱情故事里寻找一些灵感吧。

邓颖超：从西花厅海棠花忆起

你（周恩来）和我原不相识，姓名不知。1919年，在我国掀起了五四爱国运动，反帝、反封建、反卖国贼，要救亡图存。这是以学生为中心的包括工农商的举国上下的最广泛的一次伟大爱国运动，反对签订凡尔赛和约。就在这次运动高潮中，我们相见，彼此都有印象，是很淡淡的。在运动中，我们这批比较进步的学生，组织了"觉悟社"。这时候，我们接触得比较多一点。但是，我们那时都要做带头人。我们"觉悟社"相约，在整个运动时期，不谈恋爱，更谈不到结婚了……我们彼此之间，都是非常自然的，没有任何别的目的，只是为着我们共同的斗争，发扬爱国主义，追求新思潮，追求进步。就是这样，没有任何个人的意思，没有任何个人目的的交往。我们建立起来的友情，是非常纯正的。我不曾想到，在我们分别后，在欧亚两个大陆上，在通信之间，我们增进了了解，增进了感情，特别是我们都建立了共同的革命理想，要为共产主义奋斗。

三年过去，虽然你寄给我的信比过去来得勤了，信里的语意，我满没有在心，一直到你在来信中，把你对我的要求明确地提出来，从友谊发展到相爱，这时我在意了，考虑了。经过考虑，于是我们就定约了。但是，我们定约后的通信，还是以革命的活动、彼此的学习、革命的道理、今后的事业为主要内容，找不出我爱你、你爱我的字眼。你加入了党，我加入了共产主义青年团，我们遵守党的秘密，互相没有通报。我们的思想受了国际、国内新思潮的影响，我们彼此走上了共同的道路，这使我们的感情不只是个人的相爱，而是上升到为革命、为理想共同奋斗，这是我们能够相爱的最

第七章　形象惹人爱　说话艺更高

可靠的基础；而且，我们一直是坚持把革命的利益、国家的利益、党的利益放在第一位，而把个人的事情、个人的利益放在第二位。我们在革命征途上是坚定的，不屈不挠的，不管遇到任何艰难险阻，都是勇往直前地去奋斗，不计个人的得失，不计个人的流血牺牲，不计夫妇的分离。

我们是经过这三年时间，有选择地确定了我们的相爱关系，又经历了三年的考验，一直等到党中央调你回国，才在我们两地党的组织的同意下，我从天津到广州，于1925年的8月结婚了。当时我们要求民主，要求革新，要求革命，对旧社会一切封建束缚、一切旧风习，都要彻底消除。我们那时没有可以登记的地方，也不需要什么证婚人、介绍人，更没有讲排场、讲阔气，我们就很简单地，没有举行什么仪式，住在一起。在革命之花开放的时候，我们的爱情之花并开了……

一代革命夫妻的爱情故事值得怀念、值得借鉴。事实证明，只要我们科学评估自己，合理展示自己，多元化了解对方，把握好爱的时机，事业和爱情都是可以大丰收的。

第三节 语言艺术塑自我

【价值观指引】

《增广贤文》里说：逢人且说三分话，未可全抛一片心；有意栽花花不发，无心插柳柳成阴；画龙画虎难画骨，知人知面不知心。其意思是说，与人说话只能说三分，不能把内心的想法全部吐露给别人。有意栽花花不一定开放，无意去插柳，柳树却可能长得茂盛。龙和虎的形态好画，却难以画出它们的骨骼。就是说，了解人的表面很容易，但了解人的内心却十分困难。足见我们说话的分寸有多么重要！

语言是人类敞开心扉的交流形式；是人类搭架心灵桥梁的快捷方式；是人类情感交集的抒发模式；是人类释放悲喜的表达公式。如何淋漓尽致、唯美完善地运用好语言这门深奥的艺术，是一种深内涵、高层次的学问。

高瞻远瞩的人胸有成竹、一诺千金。发言老成稳重，从不轻易得罪人。就算有时驳斥他人，也会给自己留条后路，他们在表达语言艺术时收发自如，不忘高雅。

第七章　形象惹人爱 说话艺更高

满腹经纶的人一般言行高调。语出有因、语出有史，引经据典、博古通今。善于用学问压人，用才华服人。

品德高尚的人落落大方、不拘小节。宁鸣而死、不默而生。正应了关老爷的那两句诗：玉可碎不可改其白，竹可焚不可毁其节。

心思缜密的人往往会以沉默作为最尖锐的语言。不鸣则已，一鸣惊人。

优柔寡断的人说话吞吞吐吐，欲语无言。听风便是雨。心里思着想着的内容，从嘴里表达出来时，往往语无伦次、词不达意。

温文尔雅的人彬彬有礼。谨言慎语，不会标新立异，不懂哗众取宠。却又能于平淡中见微妙、于平凡中显真谛、于平和中意深远。

阴险狡诈的人无往不利，损人利己。处处想独树一帜，时时希望鹤立鸡群。浑然不觉自身的鄙夷与无知、愚昧与无耻。

心术不正的人言如利刃、语似锋芒。挖苦、嘲笑、讥讽、诽谤、贬低、排挤、挑拨、奚落是他们惯用的伎俩。

胸无点墨的人喜欢故作深沉，善于模仿。他们结合自身微薄的见识，把所见所闻的事物灵活运用，试图制造出"平地一声雷"的非凡效应。却通常落得贻笑大方、不伦不类的可悲下场。

学识简陋的人肤浅、庸俗。心虚是他们致命的要害。哪怕说的是有涵养、高水准的话语，到了他们的嘴里也会变味。因为他们说话的时候，总会想方设法地掩饰心虚。或低头、或转移视线、或自我解嘲。

幽默诙谐的人聪明睿智，能够调动现场气氛。有时表情夸张令人捧腹大笑，有时又正经得让人肃然起敬。

攻于心计的人言不由衷、一语双关。口气似缓而急，口吻是毒非善，口德虚华实卑。

才华横溢的人口若悬河、滔滔不绝。描述事物惟妙惟肖；分析评论娓娓动听。经常可以塑造出真正的"此时无声胜无声"的完美境界。

居心难测的人信口开河，危言耸听。会迎合、结合、配合、凑合、奉合。拍马溜须、诌媚献媚、阿谀奉承。

心地善良的人没有华丽的辞藻加以修饰，没有高雅的谈吐以装裱。只能迎受、接受、忍受、承受、消受。言听计从是他们的通病。

性格乖僻的人说话好似地狱间鬼魅的啜泣；犹如瘟神不怀好意的召唤。彷徨、徘徊、悱恻、忧戚、郁郁而终。

性情刚烈的人相对而言心胸比较开阔，情感豁达。学不会嘀咕、看不惯呢喃、搞不懂嘟囔、分不清呐喊、理不顺呼吁。

总之，说话的艺术，也就是我们常说的口才，它可以改变我们的人生境遇，可以影响到我们的综合形象。所以，我们从青年时期开始，就务必要练就自己的好口才。

美国前总统林肯为了练口才，徒步30英里，到一个法院去听律师们的辩护词，看他们如何论辩，如何做手势，他一边倾听，一边模仿。他听到那些云游八方的福音传教士挥舞手臂、声震长空地布道，回来后也学他们的样子。他曾对着树、树桩、成

第七章　形象惹人爱　说话艺更高

行的玉米练习口才。

日本前首相田中角荣，少年时曾患有口吃病，但他不被困难所吓倒。为了克服口吃，练就口才，他常常朗诵、慢读课文，为了准确发音，他对着镜子纠正嘴和舌根的部位，严肃认真，一丝不苟。

我国早期无产阶级革命家、演讲家肖楚女，更是靠平时的艰苦训练，练就了非凡的口才。肖楚女在重庆国立第二女子师范教书时，除了认真备课外，他每天天刚亮就跑到学校后面的山上，找一处僻静的地方，把一面镜子挂在树枝上，对着镜子开始练演讲，从镜子中观察自己的表情和动作，经过这样的刻苦训练，他掌握了高超的演讲艺术，他的教学水平也很快提高了。1926年，他年方三十，就在毛泽东同志主办的广州农民运动讲习所工作，他的演讲至今受到世人的推崇。

我国著名的数学家华罗庚，不仅有超群的数学才华，而且也是一位不可多得的"辩才"。他从小就注意培养自己的口才，学习普通话，他还背了唐诗四五百首，以此来锻炼自己的"口舌"。华罗庚先生在总结练"口才"的体会时说："勤能补拙是良训，一分辛苦一分才。"

【价值观实践】

下面我们就介绍一些训练口才的常用方法，大家不妨一试。

（1）朗读朗诵。自己读书，要大声地读出来。每天坚持朗读一些文章，既练习口齿清晰伶俐，又积累一些知识量，更重要的是对身体还大有裨益，清喉扩胸，纳天地之气，成浩然之身。

（2）对着镜子训练。在自己的起居室中某一墙面安装一面大镜子，每天在朗读过程中，对着镜子训练，训练自己的眼神，训练自己的表情，训练自己的肢体语言，这样效果会很好的。

（3）自我录音摄像。把自己的声音和演讲过程拍摄下来，这样反复观摩，反复研究哪儿卡壳了，哪儿手势没到位，哪儿表情不自然，天长日久，口才自然进步神速。实际上，看一次自己的录像资料，比上台十次二十次的效果都要好。

（4）尝试躺下来朗读。躺下来大声读书！当我们躺下来时，必然就是腹式呼吸，而腹式呼吸是最好的练声练气方法。每天睡觉之前，可躺在床上朗读十分钟，每天醒来之前，可先躺在床上唱一段歌。坚持一至两个月，你会觉得自己呼吸流畅了，声音洪亮了，音质动听了，更有穿透力了，更有磁性了！

（5）速读训练。这种训练的目的，在于锻炼人口齿伶俐，语音准确，吐字清晰。方法是：

找来一篇演讲辞或一篇文辞优美的散文。先拿来字典、词典把文章中不认识或弄不懂的字、词查出来，搞清楚，弄明白，然后开始朗读。一般开始朗读的时候速度较慢，而后逐次加快，一次比一次读得快，最后达到你所能达到的最快速度。读的过程中不要有停顿，发音要准确，吐字要清晰，要尽量达到发声完整。因为如果你不把每个字音都完整地发出来，那么，如果速度加快以后，就会让人听不清楚你在说些什么，快也就失去了意义。我们的快必须建立在吐字清楚、发音干净利落的基础上。快，是快而不乱，每个字、每个音都发得十分清楚、准确，没有含混不清的地方。

（6）即兴朗读。平时空闲时，你可以随便拿一张报纸，任意翻到某一段，然后尽量一气呵成地读下去。而且，在朗读过程中，注

第七章　形象惹人爱　说话艺更高

意一下，要上半句看稿子，下半句离开稿子看前方（假设前面有听众）。长此以往，你就发现自己记忆力也加强了许多，快速理解力和即兴构思能力也在不断加强。

（7）背诵法。背诵，并不仅仅要求你把某篇演讲辞、散文背下来就算完成了任务，我们要求的背诵，一是要"背"，二是还要"诵"。这种训练的目的有两个：一是培养记忆能力，二是培养口头表达能力。尝试去背诵一些文章，一篇一篇地去完成。天长日久，那些文章字句自然就转化为自己的词语了，练到一定时间就能张口就来了。

（8）复述法。把别人的话重复地叙述一遍。可以找一位伙伴在一起训练。首先，请对方随便讲一个话题，或是一个故事。自己先注意倾听。然后再向对方复述一遍。这种练习在于锻炼语言的连贯性、现场即兴构思能力，以及语言组织能力。如果能面对众人复述就更好了，它还可以锻炼你的胆量，克服紧张心理。

（9）模仿法。我们每个人都从小就会模仿，模仿大人做事，模仿大人说话。其实模仿的过程也是一个学习的过程。我们小时候学说话是向爸爸、妈妈及周围的人学习，向周围的人模仿。那么我们练口才也可以利用模仿法，向这方面有专长的人模仿。这样天长日久，我们的口语表达能力就能得到提高。

一是模仿专人。在生活中找一位口语表达能力强的人，请他讲几段最精彩的话，录下来，供你进行模仿。你也可以把你喜欢的、又适合你模仿的播音员、演员、相声表演家等的声音录下来，然后进行模仿。

二是专题模仿。几个好朋友在一起，请一个人先讲一段小故事、小幽默，然后大家轮流模仿，看谁模仿得最像。为了刺激大家的积极性，也可以采用打分的形式，大家一起来评分，表扬模仿最成功的一位。这个方法简单易行，且有娱乐性。所要注意的是，每个人讲的小故事、小幽默，一定要新鲜有趣，大家爱听爱学。而且在讲之前一定要进行一些准备，一定要讲得准确、生动、形象，千万不要把一些错误的东西带进去，否则模仿的人跟着学错了，害人害己。

三是随时模仿。我们每天都听广播，看电视、电影，那么你就可以随时跟着播音员、演员进行模仿，注意他的声音、语调，他的神态、动作，边听边模仿，边看边模仿，天长日久，你的口语能力就得到了提高。而且会增加你的词汇，增长你的文化知识。

四是要尽量模仿得像。要从模仿对象的语气、语速、表情、动作等多方面进行模仿，并在模仿中有创造，力争在模仿中超过对方。在进行这种练习时，一定要注意选择适合自己的对象进行模仿。要选择那些对自己身心有好处的语言动作进行模仿，有些同学模仿力很强，可是在模仿时都不够严肃认真，专拣一些脏话进行模仿，久而久之，就形成了一种低级的趣味，我们反对这种模仿方法。

（10）描述法。小的时候我们都学过看图说话，描述法就类似于这种看图说话，只是我们要看的不仅仅是书本上的图，还有生活中的一些景、事、物、人，而且要求也比看图说话高一些。简单地说，描述法也就是把你看到的景、事、物、人，用描述性的语言表达出来。

可以说，描述法比以上的几种训练法更进一步。这里没有现成的演讲辞、散文、诗歌等做你的练习材料，而要求你自己去组织语

第七章　形象惹人爱　说话艺更高

言进行描述。所以，描述法训练的主要目的在于——训练语言组织能力和语言的条理性。在描述时，要能够抓住特点进行描述。语言要清楚、明白，要有一定的文采。一定要用描述性的语言，尽量生动些，活泼些。这可以训练我们对优美词语的应用能力。

（11）角色扮演法。进行角色扮演，组织角色语言去演讲，这叫"情境模拟训练法"，比如扮演律师，扮演市长答记者问，扮演领导开动员会，扮演新郎新娘即兴发言等，还可以选择小品中的角色扮演，直接去演小品，去扮演作品中出现的不同人物，当然这个扮演主要是在语言上的扮演。这种训练的目的，在于培养人的语言适应性和个性，以及适当的表情、动作。

（12）讲故事法。口才培训，要求能够讲100个以上故事，不同时候要能够讲不同的故事，而且现场就能想出符合场合的故事。这就要求我们积累大量的素材。同时还要讲得动听，讲得精彩，熟能生巧，讲多了，口才就来了！

（13）积累知识，多翻翻字典、成语词典。建议各位课桌上和家里都放一本《新华字典》或《现代汉语词典》，有空就翻翻，不认识的字多看看，认识的字也再看细些，你会发现中国的文字博大精深，坚持下去，你的词汇量就会越来越多，你的口才自然就越来越棒！

（14）对口才产生兴趣。兴趣是最好的老师。当你的焦点在口才训练上时，你必然就会关注平时生活工作中的口才技巧。兴趣在哪里，焦点到哪里；焦点到哪里，学问就到哪里！这种心态会使你进步更快。即使看电视，你也在注意台词的优美，交际的仪态，幽

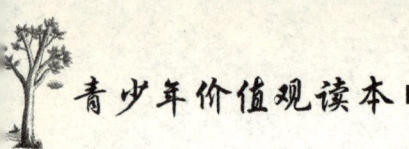

默的笑眼……

(15) 多找机会上台。很多人认为生活中缺少锻炼的舞台，没有公众场合发言的机会。其实，这是一种误区，我们平时生活、学习中，公众演讲的机会太多了，只是我们没有发现，没有这个意识去参与而已。比如，课堂发言、交际说话、买卖交流、会议论坛等。

我们都有一张嘴，除了吃饭，那它的最大本领就是说话了。说话是一门大艺术，只要勤于锻炼、善于锻炼，好口才就一定属于我们。

第八章 重社会实践 强综合素养

我们经常听见有些单位搞人事招聘的人说，找不到工作的人千千万万，而招不到人才的单位也有苦难言。往往是招来一批人不会干事，或适应工作的能力较弱。难怪有的人说，现在某某学校培养出来的人才真不怎么样。

难道是新参加工作的人不想把事情干好吗？难道他们在追求自己人生理想的过程中，连自我表现的勇气都没有吗？非也。那么，类似的问题症结到底在哪里呢？长期以来，重分数轻能力的教育惯性在作怪是也。学生们往往在考场得意，可在人生的大课堂上会显得力不从心。为什么呢？其综合素质跟不上工作的需要，赶不上时代发展的潮流。

第一节 综合素养综合养

【价值观指引】

　　一个学生要想成为优秀的人才，应该具备哪些精神？要有一种勤奋刻苦的精神；不耻下问的求教精神；虚心聆听的接受精神；独立思考的求真精神；高度负责的律己精神；严格自觉的守时精神；不怕失败的抗挫精神；持之以恒的拼搏精神；严谨务实的实干精神；不到长城非好汉的追求精神。

　　这些精神，实际上就可以形成一个人的综合素养，无论是智力方面还是非智力方面的素养。但是，长期以来，在中国应试教育系统的影响下，中国学生从小到大总是被分数折磨得死去活来，他们无暇顾及自己在更多方面的综合发展。他们当中的许多人，本来都想综合锻炼自己，可是在传统升学价值观的影响下，又不得不放弃了综合发展的思路。

　　要解决这些问题，只是说说肯定是不够的，它需要我们用人理念的改进——社会需求价值的合理化；它也需要我们的考试指挥棒更加科学化——人才生产标准的社会化（当然这方面已经比以前优化了不少）；它还需要学生、家长以及整个社会共同创造出更加先

第八章　重社会实践 强综合素养

进的育人理念——教育文化内涵的人性化。在这些方面，我们不妨借鉴一下西方一些国家较为合理的综合培养途径，为我所用。

外国学生，尤以西方国家为甚，教学大都讲究开放性思维，以学生自己为本。重在突出：自信——成功的人生始于自信。

自立——自立自主方可驾驭人生。

乐观——积极的人生态度改变你的世界。

坚韧——在充满荆棘的道路上奋进。

勇敢——战胜自己，才能战胜别人。

进取——做自己命运的开拓者。

勤奋——走向成功的阶梯。

注重行动——在行动中实现梦想。

负责——责任感伴你走向成熟。

自制——管理好自己才能管理别人。

宽容——心灵和谐，宽厚容人，不过于苛求别人。用和平的方式处理冲突和愤怒。

尊重他人——尊重他人就是尊重自己。

乐于合作——在合作中发展自己，合作才能共赢。信任是合作的基石，学会欣赏对方。

分享——懂得分享才能创造共赢。

崇尚运动——运动是生命的节奏。

【价值观实践】

在当今素质教育浪潮的冲击下，我们更要看到，综合素质强调的是人的素质。所以，我们的教育要以人为本。作为教师或家长，

青少年价值观读本【高中版】

我们应该摈弃落后的学生观，树立全新的学生观，用新的学生观来指导自己的教育工作，培养适合社会发展的高素质人才。把学生当作一个完整的个体来教育；把学生当作学习的主体来教育；尊重学生主体来调整自己的教育方法；相信每个学生都有他们各自的潜能。下面我们就来看看美国教育与中国教育中的一些区别。

曾经，中央电视台《对话》节目邀请中美两国即将进入大学的高中生参与。其中，美国的12名高中生都是当年美国总统奖的获得者，国内的高中生也大都是后来被北京大学、清华大学、香港大学等著名大学录取的优秀学生。

第八章 重社会实践 强综合素养

在价值取向的考察中，主持人分别给出了智慧、权力、真理、金钱和美的选项，美国学生几乎惊人地一致选择了真理和智慧。有的学生这样解释：如果我拥有智慧，我掌握了真理，相应我就会拥有财富和其他东西。而中国高中生除了有一个选择"美"外，没有一个选择真理和智慧的，有的选择了财富，有的选择了权力。

中国学生直奔权力和财富这样的结果，而忽视了如何捕捉权力和财富的过程，不去思索实现这些目标的途径。这说明，我们文化中的官本位思想，在他们的观念里已根深蒂固，社会上对于金钱的过分热衷追逐，也深深地影响着他们。我们孩子的选择，清楚地映照出了——我们的文化传统和社会环境的一些问题。

接下来的环节是制定对非洲贫困儿童的援助计划。首先由中国学生阐述。我们的孩子从中国悠久的历史文化入手，从歌颂丝绸之路、郑和下西洋，到吟咏茶马古道；然后有人弹古筝，有人弹钢琴，有人吹箫，以及三个女生大合唱，一人一句；一会儿又是一个人深情地背诵，然后是大合唱。最后对非洲的援助计划轻描淡写地一笔带过。只说组织去非洲旅游，组织募捐，还去非洲建希望小学。

而美国高中生的方案，则是从非洲目前的实际情况入手，从也许我们都想不到的非洲社会生活的方方面面，包括食物、教育、饮用水、艾滋病、避孕等一些看起来很细小的实际问题切入，每一项要做什么，准备怎么做，甚至具体到每项的预算（而那些预算竟然准确到几元几分）。每个人都分工明确，又融成一个整体，整个计划拿过来就可以进入实施阶段。

这样，我们吟诗作赋，他们脚踏实地。

与美国学生的干练不同，从节目表现的内容来看，中国学生存在与社会实际脱钩、眼光局限、欠缺整体意识的情况，除了才艺展

示,就是书本上的知识。

当然,我们也不能以偏概全地否认中国教育的合理性和科学性。但是,从很多方面可以看出,中国学生确实应该在原有品质基础上更加完善自己,让自己更好地与国际接轨。不仅要注重理论,更要注重实践的教育,培养学生的创新精神和解决实际问题的能力。

第八章 重社会实践 强综合素养

第二节 学理论更学实践

【价值观指引】

人既是从事社会物质生产和人类自身生产的主体，也是社会联系的主体，"人是进行全部人类活动和全部人类关系的本质和基础。"而在现实社会中，人的本质就是进行自由自觉的劳动实践；因此，可以这样说：实践是人类全部社会关系的本质和基础。

从实践中学，从书本上学，从自己和人家的经验教训中学。要克服保守主义和本本主义。（邓小平）

21世纪领导干部的基本素养：A.具备专业知识与宏观常识；B.处理国际事务的能力；C.要求自我学习与实践自我负责的心态；D.必须懂得与别人合作与沟通；E.拥有开放心胸与健康人生观；F.具有面对困难、接受挫折、挑战失败的勇气。（郭台铭）

理论所不能解决的疑难问题，实践将为你解决。（费尔巴哈）

德可以分为两种：一种是智慧的德，另一种是行为的德，前者是从学习中得来的，后者是从实践中得来的。（亚里士多德）

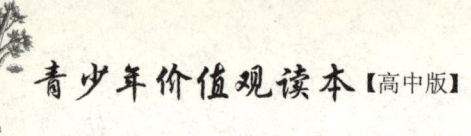

一个人怎样才能认识自己呢?决不是通过思考,而是通过实践。(歌德)

理论脱离实践是最大的不幸。(达·芬奇)

可见,实践不但是检验真理的唯一标准,实践还能出真知,实践还能创造财富。历史上很多名人大师,不但在理论的研究上成果斐然,而且在实践的环节也绝不松懈。

《战争与和平》是著名作家列夫·托尔斯泰的长篇巨著。书中战争场景的描写非常生动形象,读后有身临其境的感觉。这一切都要归功于托尔斯泰的亲自考察。

当他写到俄法双方在鲍罗京诺会战的一段文字时,总感到描写得很抽象、不具体,于是他决定亲自去战场考察一番。到了鲍罗京诺,他仔细巡视了这个历史战场的一切遗迹,把它的地形面貌牢牢记在心里,还特地画了一幅图,标上一条地平线和树林,标明各个村庄、河道的名称,以及当年会战时太阳移动的方向等。回到家里,他又把自己观察到的印象同历史文献上记载的材料联系起来分析研究,直到一切都清楚了,他才坐到桌边,重新写这段文字。这个会战场面,他写得不仅生动,且色调明朗、壮观。

无独有偶,中国古代第一部纪传体通史的作者司马迁,也非常重视实地考察。在动笔之前,司马迁游历过大江南北,全国各地,寻访先人的遗迹。他曾经访问过夏禹的遗迹,眺望过范蠡泛舟的五湖,访求过韩信的故事,访问过刘邦、萧何的故乡,考察了秦军引河水灌大梁的情形……他还北过涿鹿,登长城,南游沅湘,西至崆峒。壮游使他开阔了眼界,增长了知识,也为撰写《史记》打下了坚实的基础。

还有,我国古代医药学家李时珍也是重实践、重考查、重验证

第八章　重社会实践　强综合素养

的实学学派代表人物。他花了将近40年的时间，编写了著名的医学著作《本草纲目》。

李时珍在年轻的时候就听人说，有一种神奇的植物叫曼陀罗，人们一见到它就会情不自禁地又唱又跳。李时珍费了一些周折，终于找到了这种植物，可一时并没有发现有什么异常。他为了探明究竟，走到哪里，手里都拿着曼陀罗。后来他亲自服下了曼陀罗，发现它有麻醉和使人兴奋的作用。服用少量可以治病，而过量时，在别人的暗示下，的确可以叫你唱你就唱，叫你跳你就跳。后来，曼陀罗被广泛用于制造麻醉剂。

李时珍和曼陀罗的故事告诉我们，"理论来源于实践"，他经常身体力行地验证一些传说，改变了当时很多人们的迷信思想和以讹传讹的做法。

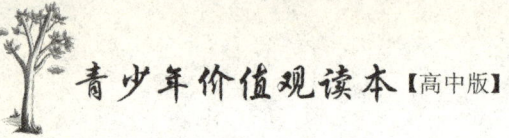

【价值观实践】

从学校教育和家庭教育来看,重视社会实践已是时代发展的潮流。无论是家庭还是社会,都很有必要为学生们提供实践的平台,并积极支持这种教育方式的开展。须知,今天的熟练工,昨天很可能就是实践舞台上的训练者。从我们目前开展学生社会实践的经验来看,学生的动手动脑能力得到了一定的施展和发挥,学生们也习惯于走出课堂,把所学知识与实践操作在一定程度上结合起来。但我们的社会实践活动,在一定意义上还没有跳出学分制的怪圈,还没有能让学生真正展示自我的个性风采,以最大限度地彰显自己的潜能。在这方面,美国的社会实践教育值得我们借鉴。下面是一位亲历者对学生美国打工生活的描述:

美国学生比较能上能下,什么"乱七八糟"的事情都愿意去做。北大毕业生回去卖糖葫芦,放在中国是新闻,在美国就不是新闻。美国的大部分学生都做过各种让人看不起眼的工作,比如在饭店或者快餐店当服务员……

来美国留学的外国学生也是。很多学生读书期间都做了一些可以远程操作的事情,比如写稿,开发课程,或是翻译。通常情况下,留学生和留学生家属,基本上是什么活都能做的,在饭店当服务员,看小孩,在学校餐厅打工,送外卖……这何尝不是对人生进行有益锤炼的活教材?

我们也看到了其他很多地方都有学生的身影:商场结账的出纳大部分是大学生,甚至高中生打工者。比如在雪城的时候,Wegmans经常招收高中生打工。这些学生一是挣钱,二是积累社会

第八章　重社会实践　强综合素养

经验。由于很多人一直在社会上摸爬滚打，所以，美国的年轻人多半显得比实际年龄大，比较成熟。在YMCA，救生员几乎全部是打工的学生，很多是附近高中的学生。前总统里根年轻的时候不也做过救生员吗？他们这些打工的经历，以后都会写入履历，成为申请大学的申请内容之一。在YMCA托儿所打工的几个小孩，也都是从高中开始就一直在这里打工，后来在附近上大学，就继续在此打工，给人看小孩。总的看来，这些实习生不是很在乎工作是否对口，他们什么都做。他们关键是挣钱，接触社会。事实上美国教育给人的，不仅仅是一个学科的知识，而应该包括考虑问题、解决问题的能力。

也有一些校外工作是和专业学习结合在一起的。比如，都说不好找工作的英语专业学生，最近一个流行的做法是Service Learning（服务式学习）。就是让学生把学期当中的社会实践，结合到课程的学习当中去。这样的做法也开始蔓延到其他学院，比如管理学院。若是教师和学生空洞地说管理，学生根本没有概念。比如学习非盈利慈善组织的管理，一个学生就亲自去红十字会实习一回，了解其运作方式，即便不胜过老师的灌输，也一定是非常好的补充。事实上，众所周知，管理大师德鲁克就是从非盈利组织的工作实践当中，悟出了一些管理的真经，并大力发挥，成为管理大师的。照常理，管理大师应该来自企业才是！

另外，在教学过程中，美国教育界也鼓励学生从实践入手，把课程作业和社会实践紧密结合起来。我们以前做的很多作业，拿出去就非常好用。比如我们上问卷调查课，要完整地设计出问卷调查过程中的所有细节，包括你得说明你要找什么样的对象进行调查，你怎么和他们联系，你发出的问卷他们不理睬你怎么跟踪。还有问

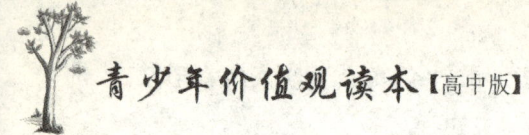

卷具体内容的设计，每一条都如放大镜一般被老师和同学审查。很多学生完成问卷后，就直接可以拿出去使用了。相对于市场需求，经过这样严谨训练出来的作业就会游刃有余，而不是脱节。

美国学生进入新的工作岗位，很少有所谓的"适应期"，因为他们平时的作业，就不叫homework，而叫 project。而你在社会上所做的，不也正是各种各样的project吗？有人比较过英美教学方式（《剑桥和麻省：共念教学经》），发现他们对社会实践的重视，可能美国教育中更具有像指纹一样鲜明而独特的特征。中国应该有点像英国，重视知识的积累。不过从现在博客上的情况看，似乎也在学习美国。

而问题的另外一面，在于教育是个开放的体系，和社会的其他环节有千丝万缕的联系。其实让学校增加社会实践并不难，难的是哪里有这样的机会？Wegman这样的企业愿意开放自己的一些职位，让这些大学生甚至高中生都来做。

可见，一个成熟的符合社会需求的劳动者，并不是学校闭门造车可以造出来的，而是在社会大熔炉里锻造出来的。因此，我们的社会实践活动，可能更多的是要在考试教育中再挤点时间出来，才能让实践教学风景这边独好。

第八章　重社会实践 强综合素养

第三节　适我之价值取向

【价值观指引】

　　生活的理想，就是为了理想的生活。（张闻天）

　　生活的全部意义在于无穷地探索尚未知道的东西，在于不断地增加更多的知识。（左拉）

　　生命的意义在于付出，在于给予，而不是在于接受，也不是在于争取。（巴金）

　　生命多少用时间计算，生命的价值用贡献计算。（裴多菲）

　　人生最终的价值在于觉醒和思考的能力，而不只在于生存。（亚里士多德）

　　你若要喜爱你自己的价值，你就得给世界创造价值。（歌德）

　　工作就是人生的价值，人生的欢乐，也是幸福之所在。（罗丹）

　　人的一生可能燃烧也可能腐朽，我不能腐朽，我愿意燃烧起来！（奥斯特洛夫斯基）

　　人生如同故事。重要的并不在有多长，而是在有多好。（塞涅卡）

　　人只有献身社会，才能找出那实际上是短暂而有风险的生命的意义。（爱因斯坦）

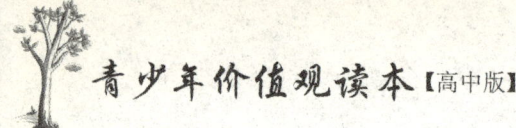

劳动价值是由人类自身机体所产生的，是人的劳动能力的价值体现，它是人在劳动过程中所释放出来的价值。人类需要的劳动产品是异彩纷呈的，所以我们在评价劳动价值的时候，也应该多元化地认定其"含金量"。我们要尽可能改变传统的劳动价值观，与时俱进地更新自己的价值理念，从而调整好自己的职业规划和人生目标。

比如，现在在社会上流传着一些对职业的说法：我看不起某职业，打死我也不会去做某工作，我就算考不上大学也不去选某专业……不一而足。可是，我们仔细想想，社会上既然存在这个职业，就肯定有其必然需求，若人人都这样去考虑，这个职业还有人干吗？其实，某些时候，说这些话的人的本意是：我不适合干这项工作。但是他并没有从整个社会去多元化地认定该职业的价值，而是一棍子打死。这种说法和思维都是值得进一步调整的。没准今天你喜欢的职业，明天你或许干不出成绩来；而你"冤家路窄"的某个职业，却会让你的人生大放异彩呢。

名震世界的男高音歌唱家帕瓦罗蒂，就是因正确的人生选择，而极大地向人们展示了他歌唱方面的才华。

帕瓦罗蒂1935年出生在意大利的一个面包师家庭。他的父亲是个歌剧爱好者，他常把卡鲁索、吉利、佩尔蒂莱的唱片带回家来听，耳濡目染，帕瓦罗蒂也喜欢上了唱歌。

小时候的帕瓦罗蒂就显示出了唱歌的天赋。长大后的帕瓦罗蒂依然喜欢唱歌，但是他更喜欢孩子，并希望成为一名教师。于是，他考上了一所师范学校。在师范学校期间，一位名叫阿利戈·波拉的专业歌手收帕瓦罗蒂为学生。

第八章 重社会实践 强综合素养

临近毕业的时候,帕瓦罗蒂问父亲:"我应该怎么选择?是当教师呢,还是成为一个歌唱家?"他的父亲这样回答:"卢西亚诺,如果你想同时坐两把椅子,你只会掉到两个椅子之间的地上。在生活中,你应该选定一把椅子。"

意识到"选择"的重要性后,帕瓦罗蒂选择了"教师"这把椅子。不幸的是,初执教鞭的帕瓦罗蒂因为缺乏经验而没有权威。学生们就利用这点进行捣乱,最终他只好离开了学校。于是,帕瓦罗蒂又选择了另一把椅子——唱歌。

十七岁时,帕瓦罗蒂的父亲介绍他到"罗西尼"合唱团,他开始随合唱团在各地举行音乐会。他经常在免费音乐会上演唱,希望能引起某个经纪人的注意。

可是,近七年的时间过去了,他还是无名小辈。眼看着周围的朋友们都找到了适合自己的位置,也都结了婚,而自己还没有养家

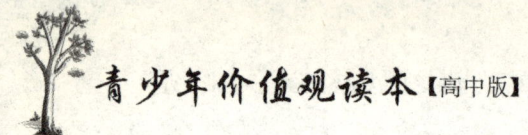

糊口的能力,帕瓦罗蒂苦恼极了。偏偏在这个时候,他的声带上长了个小结。在菲拉拉举行的一场音乐会上,他就好像脖子被掐住的男中音,被满场的倒彩声轰下台。

失败曾让他产生了放弃的念头,但冷静下来的他坚持创造适合自我的价值。几个月后,帕瓦罗蒂在一场歌剧比赛中崭露头角,被选中于1961年4月29日在雷焦埃米利亚市剧院演唱著名歌剧《波希米亚人》,这是帕瓦罗蒂首次演唱歌剧。演出结束后,帕瓦罗蒂赢得了观众雷鸣般的掌声。

第二年,帕瓦罗蒂应邀去澳大利亚演出及录制唱片。1967年,他被著名指挥大师卡拉扬挑选为威尔第《安魂曲》的男高音独唱者。

从此,帕瓦罗蒂的声名节节上升,成为活跃于国际歌剧舞台上的最佳男高音。

当一位记者问帕瓦罗蒂成功的秘诀时,他说:我的成功在于我在不断的选择中选对了自己施展才华的方向,我觉得一个人如何去体现他的才华,就在于他要选对人生奋斗的方向。

是的,我们只选对的。个人的劳动价值能否最大限度地体现出来,以及社会对个人价值的反馈如何,都是我们在选择专业方向和择业时要慎重考虑的问题。很多类型的劳动,对你来说很可能一钱不值,因为你并不适合做这项工作;但对另外的人来说却是香饽饽,因为他们就像是为这个职业而生的一样。但当狭隘的劳动价值观笼罩你的时候,你是怎么也看不到它的亮点的。

【价值观实践】

在一切社会游戏活动中,每个人都有自己的长项,那么,你就要学会用自己的长项去征服别人的短板,这样才能在职业生涯中游

第八章　重社会实践 强综合素养

刃有余。

每个人所处的位置都具有取得成功的可能性。那么，成功的资源就在于你要找准自己的坐标。要想取得成功，最重要的就是要弄清我是谁，我在哪儿，我拥有什么，什么是最适合我的？

其实，在人生旅途中，许多人并不像他们自认为的那样清醒。首先他们不能确定自己在哪儿；其次他们也不能确定自己的成功应该怎样衡量，到底是钱、权、名、色，还是其他标准（健康、平衡、幸福、快乐）？其实，这个问题很简单。通过下面这个故事所在的坐标系，我们就可以轻松地确定和衡量出来。

有个家境贫寒的青年人，有绘画的天赋，后来又爱好上了花费可观的摄影，但是由于种种原因，他没有正当的工作，根本没有财力去支撑这个爱好。在20世纪80年代，各地的摄影人才都非常缺乏。这个青年人借用别人的相机，凭着天生的画面感觉，拍出了一些较好的照片，在地区性的报刊上发表了，然后他就想方设法传播开来，让县里的头头脑脑们看到。就这样，他在县里有了点知名度，许多单位都找上门来，想把他吸收进去。他选择了油水比较多的工商局。可是，他的目标毕竟不是在这样的岗位上做出太多成绩。因此，在工作之余，他培养了自己的"竞争对手"，然后又想办法让领导把自己调到乡下的工商所。这样，他就有了更多的空余时间在山水间自由奔走，寻找灵感，提高自己的美术水平。几年之后，他终于如愿以偿，获得了许多全国性的摄影大奖，并调到真正从事摄影艺术的大单位，取得了更高层次的成功。二十年后的今天，他已经颇有名气，并且拥有了自己的小洋楼。

还有一个故事，可以帮助大家进一步理解人生的价值选择

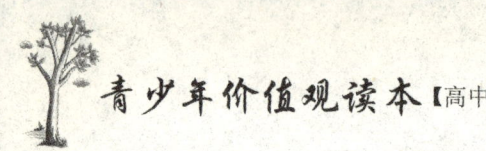

问题。

　　从前有个学生，语言天赋非常高。一篇妙笔生花的文章，他抽上几支烟立马就可以完成；而在那个口音很重的民族地区，他的英语口语也算得上十分地道。从小到大，他在学校里都被视为奇才。然而，在报考大学的时候，他既不考中文专业，也不考外语专业。因为家境不是特别好，所以他接受父母、家人、朋友的建议，报了一个"钱"途光明的理工科专业。大学毕业后，他被分配到了一个水利部门，不久，又被下放到一个小型水电站接受"锻炼"。十年之后，他在那个小水电站做了站长，娶了当地的一个妇女，生儿育女，经济拮据。他每天都在向往自己梦中的城市生活，每天都在为自己年轻时的选择而懊悔……

　　这两个故事的主人公，一个绕来绕去也要干自己喜欢干、适合干的专业，一个是盲目选报了一个"钱"途无量的专业，最后谁更成功呢？谁干得更有乐趣呢？答案不言而喻。当然，我们绝不是说后者做水电站站长的价值不大，而是针对这个语言天赋好、才华横溢的"奇才"来说，他的最大价值或许不仅仅在这里吧。

　　在这个社会上，像第二个故事的主人公一样的人其实很多。他们不能真正认识自己的优势，盲目放弃了自己的优秀起点，而去追求不合适的目标，因此大多没有取得成功，或人生的价值并没有得到最大化的发挥。

　　你现在所处的起点，你的位置，其实就是你的资源，就是你成功的基础，就是你的起跑线，就是你不可逃避的命运。尽管我们不一定特别有天赋，但是命运一定会恩赐给我们每一个普通人以成功的起点和位置。假如你抛弃命运的恩赐，那么你也终究会被命运所

第八章 重社会实践 强综合素养

抛弃!

　　成龙有一部动作电影《我是谁》。故事情节是,一支美国特种部队进入南非沙漠地区执行一项绝密任务,中途飞机忽然坠毁,只有成龙饰演的主角生还。他被当地土著人救活,但却丧失了所有的记忆。他渐渐地被土著人同化成一名部落勇士。有一天,他偶然进入了一个现代化的都市,却意外地引来了杀身之祸。他根本不知道这是怎么回事。于是,他用尽所有的能力,想弄清楚"我是谁"。他知道,不解决这个问题,也就永远不明白自己为什么会遭遇这样的困境。

　　因此,从哲学的意义上说:搞清楚"我是谁"这个问题,才是成功的起点。明白了"我是谁",才能更好地把"我"放到"谁"的位置上,才能在多元化的劳动价值中选择最适合自我的价值平台。